English G Neue Ausgabe

Grammatikheft

zu den Bänden 1 und 2
für das 5. und 6. Schuljahr

Cornelsen

English G · Neue Ausgabe

Grammatikheft

zu den Bänden 1 und 2
der Ausgaben A, B und OS

Erarbeitet von

StD Erich Fleischhack, Ebern/Unterfranken,
in Zusammenarbeit mit der Fremdsprachenredaktion:
Hartmut Tschepe (verantwortlicher Redakteur)

Beratende Mitwirkung

Prof. Hellmut Schwarz, Mannheim · Prof. Franz Vettel, Heppenheim
sowie Heinrich Baumgarten, Hitzacker

Grafik

Robert Broomfield, Tunbridge Wells
Mike Mosedale, Hewett Street Studios, London
sowie Gabriele Heinisch, Berlin

1. Auflage – 5. Druck 1991
Alle Drucke dieser Auflage können, weil untereinander unverändert,
im Unterricht nebeneinander benutzt werden.

Satz Gleißberg & Wittstock, Berlin
Druck Cornelsen Druck, Berlin

ISBN 3-464-05072-6

Vertrieb Cornelsen Verlagsgesellschaft, Bielefeld

Bestellnummer 50726

Inhaltsverzeichnis

Hallo, liebe Schülerin, lieber Schüler,

du kennst mich schon aus dem Lehrbuch English G. Ich bin Dr K. Nickel, das Kaninchen. Du wirst mich in diesem Grammatikheft immer wieder antreffen. Aber lies bitte zuerst die folgenden Hinweise. Sie zeigen dir, wie du am besten mit dem Grammatikheft arbeiten kannst.

Das English G-Grammatikheft 1/2 erklärt ausführlich und systematisch den Grammatikstoff der Bände 1 und 2 der Ausgaben A, B und OS. Du kannst im Inhaltsverzeichnis oder im Wegweiser am Anfang des Heftes nachschlagen, wenn du ein bestimmtes grammatisches Kapitel suchst.

Das Grammatikheft kann dir helfen, wenn du
- im Unterricht etwas nicht verstanden hast,
- etwas vergessen hast,
- ein Kapitel wiederholen möchtest,
- dich auf eine Klassenarbeit oder einen Test vorbereiten willst,
- etwas nachlernen mußt, z. B. weil du krank warst.

Achte auf einige Zeichen, die immer wieder vorkommen:

	Die kleinen Zahlen und Buchstaben nach einem Grammatikabschnitt sagen dir, wo dieses Thema im Lehrbuch English G behandelt wird.
1:7	1:7 = Band 1: Unit 7 (Summary);
A/OS 2: 4	A/OS 2: 4 = Band 2 der Ausgaben A und OS: Unit 4 (Summary);
B 1: S. 115	B 1: S. 115 = Band 1 der Ausgabe B: Seite 115.
K	Das K bedeutet „Kontrast" und steht immer dort, wo auf den unterschiedlichen Gebrauch in der englischen und der deutschen Sprache hingewiesen wird.
⚠	Hier stehen Hinweise, die du besonders beachten sollst, um Fehler zu vermeiden.
▷	Der Pfeil verweist auf Abschnitte im Grammatikheft, die weitere Informationen zu dem gerade behandelten Thema enthalten.
[66]	Die eckigen Klammern zeigen an, daß der Abschnitt 66 kein Lernstoff der Ausgaben B und OS ist bzw. daß er in der OS-Ausgabe nur Stoff für die lernschnellste Gruppe ist.

Übrigens findest du mich im Grammatikheft meist am Ende eines Abschnitts. Ich fasse das Wichtigste noch einmal zusammen.

Und nun viel Spaß bei der Arbeit mit dem Grammatikheft!

Dein K. Nickel

DER SATZ (THE SENTENCE)

1 Satzarten (Sentence types)

Can I see your pet?
Where is your pet?

What a nice cat!

Tina hasn't got a pet.

Take the dog for a walk.

Kevin has got a rabbit.

Wie du siehst, gibt es verschiedene Arten von Sätzen:

Mit einem **Aussagesatz (positive sentence)** sagst du etwas aus, z. B. was jemand hat, was jemand tut, wie etwas ist.

Mit einem **verneinten Satz (negative sentence)** verneinst du eine Aussage, z. B. sagst du, was jemand nicht hat, nicht tut, wie etwas nicht ist.

Mit einem **Fragesatz (question)** fragst du etwas oder fragst du jemanden. Bei der **Entscheidungsfrage (yes/no question)** erwartest du die Antwort „ja" oder „nein". Wenn du eine **Frage mit einem Fragewort (question with question word)** stellst, willst du z. B. wissen, wo etwas ist, wer etwas tut, wann etwas geschieht.

Mit einem **Aufforderungssatz (imperative)** forderst du jemanden auf, etwas zu tun.

Mit einem **Ausrufesatz (exclamation)** bringst du ein Gefühl zum Ausdruck, z. B. daß dich etwas begeistert, überrascht oder ärgert.

2 Haupt- und Nebensätze (Main clauses and subordinate clauses)

Mrs King is happy.
Sandra can't play with her friends today.
There's a youth club in Hatfield.

Dies sind einfache Sätze. Oft aber ist es notwendig, solche Sätze zu erweitern, weil du z. B. sagen willst, wann Mrs King glücklich ist oder warum Sandra nicht mit ihren Freunden spielen kann. Du kannst dann **Nebensätze** bilden und sie mit den **Hauptsätzen** verbinden.

Satzgefüge (complex sentence)

Hauptsatz (main clause)	Nebensatz (subordinate clause)
Mrs King is happy	when Dave helps her with the housework.
Sandra can't play with her friends today	because she must do her homework.
There's a youth club in Hatfield	where the children can go after school.

Der **Hauptsatz** ist dem **Nebensatz** übergeordnet. Ein Nebensatz ist zumeist nur in Verbindung mit einem Hauptsatz verständlich. Hauptsatz und Nebensatz bilden ein **Satzgefüge (complex sentence)**.

3 Satzteile (Parts of the sentence)

Liz plays table-tennis at Park School every Wednesday.
Sally and her father are painting the garage.
Dave can't repair the puncture.
Mr Singh's pet shop is in Sandfield Street.

Diese Beispielsätze bestehen aus mehreren Teilen. Man nennt diese Teile **Satzteile** oder **Satzglieder (parts of the sentence)**. Jeder Satzteil hat eine ganz bestimmte Aufgabe in einem Satz. Sieh dir dazu noch einmal die Beispiele an:

Liz Sally and her father Dave Mr Singh's pet shop	**Subjekt** oder **Satzgegenstand (subject)**	Das **Subjekt (subject)** sagt aus, wer oder was etwas tut, wer oder was etwas ist.
plays are painting can't repair is	**Prädikat** oder **Satzaussage (verb)***	Das **Prädikat (verb)** sagt aus, was getan wird, was sich ereignet, was ist.
table-tennis the garage the puncture	**Objekt** oder **Satzergänzung (object)****	Das **Objekt (object)** sagt aus, auf wen oder was die Handlung gerichtet ist.
at Park School every Wednesday in Sandfield Street	**Adverbiale Bestimmung** oder **Umstandsbestimmung (adverbial)**	Die **adverbiale Bestimmung (adverbial)** gibt nähere Umstände an, z. B. wo, wann oder wie etwas geschieht.

* Mit dem Wort *verb* bezeichnet man im Englischen sowohl das **Tätigkeitswort (die Wortart)** als auch das **Prädikat (den Satzteil)**.

** Ein Nomen oder Adjektiv, das nach *(to) be* steht, bezieht sich auf das Subjekt und wird daher als **(prädikative) Ergänzung zum Subjekt (subject complement)** bezeichnet, z. B.: Miss Green is **a teacher**. The pets are **nice**.

WORTSTELLUNG (WORD ORDER)

4 Aussagesätze (Positive sentences)

Subject	Verb	Object	
Carol	collects	stamps.	
Our cat	can catch	mice.	
Sandra	plays	hockey	every Wednesday.
Dave and Sally	are reading.		

Wie dir die Beispiele zeigen, steht in englischen Aussagesätzen das **Subjekt** vor dem **Prädikat (verb)** und das **Objekt** direkt nach dem **Prädikat (verb)**. Die Wortstellung ist also **S - V - O.**

Wenn du die **S**traßen-**V**erkehrs-**O**rdnung beachtest, gibt es keine Unfälle bei der Wortstellung.

K

In the evening Mrs Bell reads the newspaper.
Am Abend liest Mrs Bell die Zeitung.

When Miss Green comes home, she makes a cup of tea.
..., macht sie eine Tasse Tee.

⚠ Du mußt besonders darauf achten, daß im Englischen kein anderer Satzteil zwischen **Prädikat (verb)** und **Objekt** steht:

I can help you.
Ich kann dir helfen.

Sally often plays football at the weekend.
Sally spielt am Wochenende oft Fußball.

Verb und **object** sind ein unzertrennliches Paar.

Wortstellung in Aussagesätzen:

S - V - O

1:7

5 Verneinte Sätze (Negative sentences)

Subject	Verb		Object	
	Auxiliary + not	Main verb		
Kevin	**isn't**	helping	his mother	at the moment.
Liz	**doesn't**	play	football.	
The children	**don't**	like	their new teacher.	
I	**can't**	come		today.
My mother	**isn't**			at home.

Wie in Aussagesätzen steht auch in verneinten Sätzen das **Subjekt** vor dem **Prädikat (verb)**, das **Objekt** direkt nach dem **Prädikat (verb)**: **S – V – O**.

Die Beispiele zeigen dir, daß das **Prädikat (verb)** eines verneinten Satzes aus zwei Teilen besteht, nämlich aus einem **Hilfsverb (auxiliary) + not** und einem **Vollverb (main verb)**. Dabei mußt du zwei Möglichkeiten unterscheiden:

1. Wenn im Aussagesatz bereits ein **Hilfsverb** (z. B. *is, can, must*) vorhanden ist, hängst du im verneinten Satz *not* (Kurzform: *n't*) einfach an dieses Hilfsverb an, z. B.:

		Auxiliary (+ not)	Main verb	
Aussagesatz mit Hilfsverb:	Kevin	is	helping	his father.
Verneinter Satz:	Kevin	**isn't**	helping	his mother.

2. Wenn im Aussagesatz **kein Hilfsverb** vorhanden ist, verwendest du im verneinten Satz für das *simple present* die Form *do/does + not* + Infinitiv des Vollverbs, für das *simple past* die Form *did + not* + Infinitiv des Vollverbs, z. B.:

		Auxiliary + not	Main verb	
Aussagesatz ohne Hilfsverb:	Tom		likes	football.
Verneinter Satz:	Tom	**doesn't**	like	homework.
Aussagesatz ohne Hilfsverb:	Liz		played	hockey last night.
Verneinter Satz:	Liz	**didn't**	play	football.

K

They don't like their new teacher.
Sie mögen ihren neuen Lehrer nicht.

Dave can't repair the bike.
Dave kann das Fahrrad nicht reparieren.

In verneinten Sätzen:

Auxiliary + *not* + Main verb

Fragesätze (Questions)

6 a)

Question word	Auxiliary	Subject	Main verb	Object	
	Can	Liz	speak	German?	
	Is	Kevin	writing	a letter	at the moment?
	Does	Miss Green	play	the guitar?	
What	**are**	you	doing?		
Why	**can't**	we	have	a pet?	
Where	**do**	the Kings	live?		
When	**does**	school	start		in Britain?

Im Englischen werden Fragen mit einem **Hilfsverb (auxiliary)** gebildet.
Die Wortstellung ist **Auxiliary – Subject – Main verb**.

Wenn im Aussagesatz **kein Hilfsverb** (z. B. *is, can, must*) vorhanden ist, verwendest du im Fragesatz für das *simple present* die Form *do/does*, für das *simple past* die Form *did*, z. B.:

	Auxiliary	Subject	Main verb	
Aussagesatz ohne Hilfsverb:		Sally	collects	coins.
Fragesatz:	**Does**	Sally	collect	coins?
Aussagesatz ohne Hilfsverb:		Sandra	arrived	yesterday.
Fragesatz:	**Did**	Sandra	arrive	yesterday?

K

Can budgies talk?
Können Wellensittiche sprechen?

May I answer in German?
Darf ich auf deutsch antworten?

Do you need help?
Brauchst du Hilfe?

⚠ *do* kann auch **Vollverb (main verb)** sein und hat dann im Deutschen die Bedeutung „machen, tun". Auch hier bildest du die Frage im *simple present* und *simple past* mit den Hilfsverben *do/does* bzw. *did*, z. B.:

What do the children do in their free time?
△ Hilfsverb — △ Vollverb

In Fragen *do/does/did* oder ein anderes Hilfsverb.

1:8

7 b)

	Subject	Verb	Object
Aussagesätze	Mr Singh	sells	pets.
	Our friends	speak	English.
	Andrew	broke	the window.
Fragesätze mit *who*	**Who**	sells	pets?
	Who	speaks	English?
	Who	broke	the window?

Sieh dir zuerst die Aussagesätze an! Die Wortstellung in Aussagesätzen ist dir bekannt: **S – V – O**. Sieh dir dann die Fragesätze an! In den **Fragesätzen** ist *who* **Subjekt**. Du fragst mit *who* nach dem Subjekt des Aussagesatzes, z. B.:

Who sells pets? – **Mr Singh** (sells pets).

Vergleiche nun die Fragesätze mit den Aussagesätzen! Die Wortstellung in den Fragesätzen ist die gleiche wie in den Aussagesätzen, nämlich **S** (= *Who*) **– V – O.** In solchen Fragen wird *do/does/did* nicht verwendet.

Diese Regel gilt auch, wenn statt *who* ein anderes Fragewort Subjekt oder Teil des Subjekts in einem Fragesatz ist, z. B.:

What happened yesterday?
How many guests came to the party?
Whose pen-friend lives in Bonn?

Fragen mit *who* (wer)
<u>ohne</u> *do/does/did.*

2:3

8 Nebensätze (Subordinate clauses)

		Nebensätze (subordinate clauses)		
		Subject	Verb	Object
Kevin can't come	because	he	has got	a cold.
Sandra gets more pocket-money	when	she	helps	her mother.
This is the shop	where	you	can buy	posters.

Wie du an den Beispielen siehst, gilt im Englischen die Wortstellung des Aussagesatzes auch für **Nebensätze**: **S – V – O**.

K Kevin can't come because he has got a cold.
…, weil er einen Schnupfen hat.

Wortstellung in Nebensätzen:
S – V – O

1:8

Stellung der Adverbien (Position of adverbs)

a) Adverbien der Häufigkeit und der unbestimmten Zeit (Adverbs of frequency and indefinite time)

9 1. **Nach "be"**

Tom is **often** ill.
The boys were **always** tired after a match.

Die Adverbien *always, never, often, sometimes, usually* stehen **nach** *am, are, is* und *was, were.*

10 2. **In Sätzen mit dem simple present oder simple past**

	Subject	Adverb	Verb	Object	
	Dave	**sometimes**	cooks	the meals.	
Do	Liz and Peter	**always**	feed	Peanut?	
	Mr King	**never**	gets up		late.
	I	**often**	played	tennis	last summer.

Die Adverbien *always, never, often, sometimes, usually* stehen in Sätzen mit dem *simple present* und dem *simple past* gewöhnlich **zwischen Subjekt und Prädikat (verb).** Sie dürfen nie zwischen Prädikat (verb) und Objekt stehen.

K
Dave sometimes cooks the meals.
Dave kocht manchmal das Essen. 1:7

3. **In Sätzen mit dem present perfect**

Aunt Mary has just seen a ghost.

11

	Adverb	Past participle	
The film has	**already**	started.	
The boys have	**never**	swum	in the sea.
Have you	**ever**	been	to Wales?

Die Adverbien *already, always, ever, just, never, often, sometimes* stehen in Sätzen mit dem *present perfect* unmittelbar **vor dem Partizip Perfekt (past participle)**. 2:6

12 Have you been to London **before**?
Has Carol repaired the bike **yet**?
The match hasn't started **yet**.

Die Adverbien *before, yet, (not) yet* stehen in Sätzen mit dem *present perfect* **am Satzende**. 2:6

3 b) Adverbien der Art und Weise (Adverbs of manner)

He's driving slowly.

Für die Stellung der **Adverbien der Art und Weise**, z. B. *carefully, badly, well,* mußt du dir zwei Regeln merken:

1.

	Verb	Adverb of manner	
Sandra's team	played	**badly**	last Saturday.
Mrs Connor	drives	**carefully**	in town.

In Sätzen **ohne Objekt** stehen sie **nach dem Prädikat (verb)**.

2.

	Verb	Object	Adverb of manner
Our teacher	speaks	English	**well**.
Tina	answered	the questions	**angrily**.

In Sätzen **mit Objekt** stehen sie **nach dem Objekt**.
Sie dürfen nie zwischen Prädikat (verb) und Objekt treten.

K Our teacher speaks English well.
Unser/e Lehrer/in spricht gut Englisch.

2:5

4 c) Adverbiale Bestimmungen des Ortes und der Zeit (Adverbials of place and time)

Adverbial of time	Subject	Verb	Object	Adverbial of place	Adverbial of time
	Tom	helps	Mr Singh	**at the pet shop**.	
	Mrs Dean	starts	work		**at nine**.
	She	works		**in an office**	**from Monday till Friday**.
	Sandra	plays	hockey	**at the club**	**on Wednesday**.
On Thursday	she	plays	tennis	**at school**.	

Im Englischen stehen **Orts-** oder **Zeitangaben** meist **am Satzende**.
Sie stehen nie zwischen Prädikat (verb) und Objekt.

Wenn eine Orts- und eine Zeitangabe zusammentreffen, gilt:
Ort vor Zeit (**p**lace before **t**ime) – wie im Alphabet: O vor Z (p before t).

Willst du eine Zeitangabe betonen, kannst du sie auch an den **Satzanfang** stellen.
Die Wortstellung **S – V – (O)** bleibt aber erhalten.

K I was in London yesterday.
Ich war gestern in London.

▷ Wortstellung S – V – O in Aussagesätzen: 4

A 1: 9
B 2: S. 14
OS 2: S. 15

15 WORTARTEN (PARTS OF SPEECH / WORD CLASSES)

swim there because he always after lots and
carefully who a Sally the girl good
much my
in first today them this some one

Die Wörter einer Sprache lassen sich in **Wortarten** einteilen. Einige Wortarten kennst du sicher schon, z. B. Verb oder Tätigkeitswort, Nomen oder Hauptwort, Adjektiv oder Eigenschaftswort. Die folgende Übersicht erklärt dir, wie die einzelnen Wortarten heißen, was sie bezeichnen oder worüber sie etwas aussagen.

Verb (verb)

(auch: Zeitwort oder Tätigkeitswort)

Verben bezeichnen, was jemand tut, was sich ereignet, was ist: *swim, read, rain, live, be.*

Nomen (noun)

(auch: Substantiv, Hauptwort)

Nomen bezeichnen Lebewesen, Dinge, Vorstellungen und Ideen: *Sally, girl, table, coffee, time, magic, problem.*

Artikel (article)

(auch: Geschlechtswort)

Der **unbestimmte Artikel (indefinite article)** heißt *a/an,* der **bestimmte Artikel (definite article)** heißt *the.*

Adjektiv (adjective)

(auch: Eigenschaftswort)

Adjektive sagen etwas aus über die Eigenschaften einer Person oder einer Sache: *good, nice, interesting, expensive, quick.*

Adverb (adverb)

(auch: Umstandswort)

Adverbien drücken aus, z. B. wann, wo, wie oft, wie etwas getan wird oder etwas geschieht: *today, yesterday, here, there, always, sometimes, almost, carefully, strongly, well.*

Mengenbezeichnungen (quantifiers)*

Mengenbezeichnungen sind *lots (of), a lot (of), much, many, some, any, both, no, every.*

* Die Mengenbezeichnungen werden auch zu den Pronomen oder zu den Numeralien gerechnet.

Pronomen (pronouns)
(auch: Fürwörter)

Personalpronomen (personal pronouns) stehen stellvertretend für ein Nomen (Person oder Sache): *you, she, them.*
Possessivpronomen (possessive adjectives, possessive pronouns) drücken einen Besitz oder eine Zugehörigkeit aus: *my, your; mine, yours.*
Demonstrativpronomen (demonstrative pronouns) weisen auf etwas hin: *this, these; that, those.*

Fragewort (question word)

Fragewörter leiten Fragen ein: *who, whose, what, which, when, where, why, how.*

Präposition (preposition)
(auch: Verhältniswort)

Präpositionen kennzeichnen Verhältnisse, z. B. örtliche oder zeitliche: *in (the bathroom), at (school), behind (the table), between (the trees), before (lunch), after (school).*

Konjunktion (conjunction)
(auch: Bindewort)

Konjunktionen verbinden Wörter oder Sätze: *and, but, or, because, when.*

Numerale (numeral)
(auch: Zahlwort)

Numeralien (Singular: das Numerale) sind die **Grundzahlen (cardinal numbers)**, z. B. *one, two, twenty,* und die **Ordnungszahlen (ordinal numbers)**, z. B. *first, second, twentieth.*

DAS VERB (THE VERB)

16 Die englischen Verben lassen sich einteilen in **Vollverben (main verbs)**, z. B. *give, read, run, play,* und **Hilfsverben (auxiliaries)**, z. B. *be, can, must.*

⚠ Die Verben *be (am, are, is, was, were), have (have, has, had)* und *do (do, does, did)* können sowohl **Hilfsverben** als auch **Vollverben** sein.

▷ *be:* 19-21; *have:* 22-24, 29 b), 45; *do:* 5, 6

17 Von jedem englischen **Vollverb** gibt es mehrere Formen:

a) **Der Infinitiv (The infinitive)**

(to) play, **(to) help**, **(to) write**, **(to) take**

Der Infinitiv ist die Grundform eines Verbs.

K

(to) play	(to) help	(to) write
spiel**en**	helf**en**	schreib**en**

Im Englischen gibt es keine besondere Endung für den Infinitiv. 1:3

Der Infinitiv kann mit oder ohne *to* gebraucht werden:

Infinitiv ohne *to*	Infinitiv mit *to*
Let's watch TV.	Try to explain that in English.
Dave can't repair the bike.	Ask Sally to repair the bike.
I must go home now.	It's time to go home.

K

Try to explain that in English.
Versuch das auf englisch zu erklären.

It's time to go home.
Es ist Zeit, nach Hause zu gehen.

In den meisten Fällen entspricht der englische Infinitiv mit *to* dem deutschen Infinitiv mit „zu".

Aber: I'd like to go. Do you want to see my new bike?
Ich möchte gehen. Möchtest/Willst du mein neues Rad sehen?

A 1: 9
B 2: S. 127
OS 2: S. 146

b) **Die -ing-Form (The -ing form)**

Sie wird durch Anfügen von *-ing* an den Infinitiv gebildet: play**ing**, help**ing**, writ**ing**, tak**ing**.

1:3

c) **Die simple past-Form (The simple past form)**

Sie wird bei den regelmäßigen Verben durch Anfügen von *-ed* an den Infinitiv gebildet: play**ed**, help**ed**. Die unregelmäßigen Verben haben eine eigene Form: **wrote**, **took**.

2:2

d) **Das Partizip Perfekt (The past participle)**

Es wird bei den regelmäßigen Verben durch Anfügen von *-ed* an den Infinitiv gebildet: play**ed**, help**ed**. Die unregelmäßigen Verben haben eine eigene Form: **written**, **taken**.

2:6

e) **Der Imperativ (The imperative)**

Der Imperativ hat die gleiche Form wie der Infinitiv (aber ohne *to*):

Play. Spiel(e)!/Spielt!/Spielen Sie!
Don't write. Schreib(e) nicht!/Schreibt nicht!/Schreiben Sie nicht!

Nach Imperativsätzen steht im Englischen meistens ein Punkt (kein Ausrufezeichen wie im Deutschen). 1:3

18 Bei den **Hilfsverben** unterscheidet man zwei Gruppen:

a) Die **Hilfsverben** *be (am, are, is, was, were), have (have, has, had)* und *do (do, does, did)*.
Sie werden zur Bildung der Zeitformen des Vollverbs im Aussagesatz, verneinten Satz und Fragesatz verwendet.

b) Die **modalen Hilfsverben (modal auxiliaries)** *can/can't, could/couldn't, may, must/mustn't, needn't*.

"be" und "have"

be (sein)

Infinitiv: That must **be** Sally. Ask her **to be** careful.
Imperativ: **Be** quiet. **Don't be** silly.

9 a) **Präsens (Present tense)**

Positive sentences

Long forms		Short forms	
I **am**		I**'m**	
You **are**		You**'re**	
He/She/It **is**	from Hatfield.	He**'s**/She**'s**/It**'s**	from Hatfield.
We **are**		We**'re**	
You **are**		You**'re**	
They **are**		They**'re**	

Negative sentences

Long forms		Short forms	
I **am not**		I**'m not**	
You **are not**		You **aren't**	
He/She/It **is not**	from London.	He/She/It **isn't**	from London.
We **are not**		We **aren't**	
You **are not**		You **aren't**	
They **are not**		They **aren't**	

⚠ 1. Person Singular: I**'m not**

Questions		Short answers			
Am I			I **am**.		I**'m not**.
Are you			you **are**.		you **aren't**.
Is he/she/it	from Hatfield?	Yes,	he/she/it **is**.	No,	he/she/it **isn't**.
Are we	from London?		we **are**.		we **aren't**.
Are you			you **are**.		you **aren't**.
Are they			they **are**.		they **aren't**.

Where **are** you from? Hatfield.

Bei den <u>Kurzantworten</u> mußt du dir zwei Dinge gut merken:

1. **Anders als im Deutschen stehen *Yes* oder *No* im Englischen meistens nicht allein. Du sagst *Yes, I am; No, I'm not* usw. oder z. B. *Yes, of course; No, sorry.***
2. **Bei Ja-Antworten mußt du immer die Langform verwenden: *Yes, I am; Yes, she is* usw.**

1:1

20 b) Vergangenheit (Past tense)

Positive sentences		Negative sentences	
I **was**	in London yesterday.	I **wasn't**	in Hatfield.
You **were**		You **weren't**	
He/She/It **was**		He/She/It **wasn't**	
We **were**		We **weren't**	
You **were**		You **weren't**	
They **were**		They **weren't**	

Long forms: I/he/she **was not**
we/you/they **were not**

Questions		Short answers
Were you in London	yesterday?	Yes, I **was**.
Was he in Hatfield		No, he **wasn't**.
Were they in London		Yes, they **were**.
When **was** she in London?		Yesterday.

2:2

21 c) there is – there are

There's a pet shop in our street.
Is there a bank near here? – Yes, **there is**.
There aren't any names on the door.
There was a good programme on TV last night.

Wenn du sagen willst, daß etwas vorhanden ist, kannst du *there is/there are* verwenden.

K

There's a big dog in the shop window.
Im Schaufenster **ist/liegt** ein großer Hund.

Is there a toilet here?
Gibt es hier eine Toilette?

Im Deutschen werden *there is/there are* mit „es ist, es sind, es gibt" oder mit den Verben „liegen" oder „stehen" wiedergegeben.

A 1: S. 123
B 1: S. 111
OS 1: S. 112

have (got) (haben)

Infinitiv: Can I **have** a pet?
I'd like **to have** a dog.

2 a) **Präsens (Present tense)**

Positive sentences

Long forms		Short forms	
I **have got**	a cat.	I**'ve got**	a cat.
You **have got**		You**'ve got**	
He/She **has got**		He/She **has got***	
We **have got**		We**'ve got**	
You **have got**		You**'ve got**	
They **have got**		They**'ve got**	

Negative sentences

Long forms		Short forms	
I **have not got**	a dog.	I **haven't got**	a dog.
You **have not got**		You **haven't got**	
He/She **has not got**		He/She **hasn't got**	
We **have not got**		We **haven't got**	
You **have not got**		You **haven't got**	
They **have not got**		They **haven't got**	

Questions		Short answers			
Have I **got**	a cat? a dog?	Yes,	I **have**.	No,	I **haven't**.
Have you **got**			you **have**.		you **haven't**.
Has he/she **got**			he/she **has**.		he/she **hasn't**.
Have we **got**			we **have**.		we **haven't**.
Have you **got**			you **have**.		you **haven't**.
Have they **got**			they **have**.		they **haven't**.

What **has** he **got** in the hat? A rabbit.

⚠ Bei Kurzantworten kein *got*.

1:2

* In Aussagesätzen mit der 3. Person Singular wird in **English G 1/2** nur die Langform verwendet: he/she/it **has** got.

23 b) Vergangenheit (Past tense)

Positive sentences		Negative sentences	
I **had**	a flat in London.	I **didn't have**	a house.
You **had**		You **didn't have**	
He/She **had**		He/She **didn't have**	
We **had**		We **didn't have**	
You **had**		You **didn't have**	
They **had**		They **didn't have**	

Long forms: I/you/he/... **did not have**

Questions	Short answers
Did you **have** a flat in London?	Yes, I **did**.
Did she **have** a house?	No, she **didn't**.
Did they **have** a flat?	Yes, they **did**.
Where **did** they **have** a flat?	In London.

⚠ Kein *got* in der Vergangenheit.

A 2: S. 145
B 2: S. 129
OS 2: S. 148

24 c) "(to) have" in festen Verbindungen mit Nomen (Phrases with "(to) have")

Merlin is having breakfast.

It's 7.30. Merlin **is having breakfast**.
But at the weekend he **doesn't have breakfast** before 9.30.

When **do** *you* **have breakfast**?

In diesen Beispielen bildet *have* mit dem Nomen *breakfast* eine Einheit: *(to) have breakfast* = „frühstücken". Wenn *(to) have* fest mit einem Nomen verbunden ist, wird es wie ein **Vollverb** verwendet.
Du kannst die Verlaufsform bilden: Merlin **is having breakfast**. He **isn't having lunch**.
Bei der Verneinung und der Frage im *simple present* und *simple past* mußt du *do/does/did* verwenden: He **doesn't have breakfast** before 9.30. When **do** *you* **have breakfast**?

Gebräuchliche Verbindungen von *have* mit Nomen sind:

(to) have a bath	(in der Wanne) baden, ein Bad nehmen
(to) have a shower	(sich) duschen
(to) have a wash	sich waschen
(to) have breakfast	frühstücken
(to) have sth. for breakfast	etwas zum Frühstück essen
(to) have lunch	(zu) Mittag essen
(to) have tea	Abendbrot essen, zu Abend essen
(to) have a drink	etwas trinken
(to) have a party	eine Party geben, veranstalten
(to) have a good time	viel Spaß haben

A 2: S. 147
B 2: S. 131
OS 2: S. 150

Modale Hilfsverben (Modal auxiliaries)

5 Formen (Forms)

Positive	Negative	
	Long forms	Short forms
can	cannot	can't [ka:nt]
could	could not	couldn't
must	need not	needn't
	must not	mustn't ['mʌsnt]
may	may not	–

Bei der Verwendung der modalen Hilfsverben mußt du auf einige **Besonderheiten** achten:

1. Infinitiv (nach dem Hilfsverb) **ohne** *to:* Sally can play football.
2. **Kein** *-s* in der 3. Person Singular: She can swim, too.
3. Frage und Verneinung **ohne** *do:* Must you phone your parents this evening?
– No, I needn't phone them this evening.

6 can (kann)

a) **Präsens (Present tense): can (kann) – can't (kann nicht)**

Positive sentences		Negative sentences	
I **can speak**	English.	I **can't speak**	French.
You **can speak**		You **can't speak**	
He/She **can speak**		He/She **can't speak**	
We **can speak**		We **can't speak**	
You **can speak**		You **can't speak**	
They **can speak**		They **can't speak**	

Questions	Short answers
Can you **speak** English?	Yes, I **can**.
Can he **speak** French?	No, he **can't**.
When **can** you **be** here?	At about ten o'clock.

1: 4

b) **Vergangenheit (Past tense): could (konnte) – couldn't (konnte nicht)**

Positive sentence	Negative sentence
My grandfather **could speak** English.	But he **couldn't speak** French.

Question	Short answer
Could your grandfather **speak** French?	No, he **couldn't**.

could/couldn't haben ebenso wie *can/can't* für alle Personen die gleiche Form. A/OS 2: 9

27 can (darf)

a) **Präsens (Present tense): can (darf) – can't/mustn't (darf nicht)**

Positive sentences		Negative sentences	
I **can go**	to the disco on Saturday.	I **can't watch**	the horror film on TV.
You **can go**		You **can't watch**	
He/She **can go**		He/She **can't watch**	
We **can go**		We **can't watch**	
You **can go**		You **can't watch**	
They **can go**		They **can't watch**	

Questions	Short answers
Can you **go** to the disco?	Yes, I **can**.
Can she **watch** the horror film?	No, she **can't**.
Why **can't** I **take** the dog for a walk?	Because it's raining.

1:4

You **mustn't park** here.
Sie **dürfen** hier **nicht parken**.

Wenn etwas ausdrücklich verboten werden soll, verwendest du *mustn't. mustn't* hat für alle Personen die gleiche Form.

2:4

b) **Vergangenheit (Past tense): was allowed to (durfte) – wasn't allowed to (durfte nicht)**

Positive sentence	Negative sentence
Sally **was allowed to go** to the disco last weekend.	But her friends **weren't allowed to go** to the disco.

Question	Short answer
Was she **allowed to come** home late?	No, she **wasn't**.

Formen (Forms):

I **was allowed to**	We **were allowed to**
You **were allowed to**	You **were allowed to**
He/She **was allowed to**	They **were allowed to**

A/OS 2:9

28 may (darf)

May I answer in German, please? – Yes, of course.
May we watch TV now, please? – Sorry, not now.

Wenn du besonders höflich um Erlaubnis bitten willst, verwendest du *may I?* (darf ich?) oder *may we?* (dürfen wir?).

1:4

9 must (muß)

a) **Präsens (Present tense): must (muß) – needn't (braucht/muß nicht)**

Positive sentences		Negative sentences	
I **must stay**	at home.	I **needn't stay**	in bed.
You **must stay**		You **needn't stay**	
He/She **must stay**		He/She **needn't stay**	
We **must stay**		We **needn't stay**	
You **must stay**		You **needn't stay**	
They **must stay**		They **needn't stay**	

Questions	Short answers
Must you **stay** at home?	Yes, I **must**.
Must he **stay** in bed?	No, he **needn't**.
How long **must** they **stay** at home?	For two days.

1:4

Du darfst *needn't* nicht mit *mustn't* verwechseln:

You needn't go. = Du brauchst nicht zu gehen.
Du mußt nicht gehen.
You mustn't go. = Du darfst nicht gehen.

▷ mustn't: 27 a)

2:4

b) **Vergangenheit (Past tense): had to (mußte) – didn't have to (brauchte/mußte nicht)**

Positive sentence	Negative sentence
Liz **had to wash** the car yesterday.	But she **didn't have to clean** the garage.

Question	Short answer
Did her brother **have to help** her?	No, he **didn't**.

had to/didn't have to haben für alle Personen die gleiche Form.
Beachte die Verwendung von *did* im verneinten Satz und in der Frage. A/OS 2:9

Das Vollverb (The main verb)

30 Die Zeiten (The tenses)

	Positive sentences	Negative sentences	Questions
simple present	I play She plays	I don't play She doesn't play	Do you play? Does she play?
present progressive	I'm playing She's playing	I'm not playing She isn't playing	Are you playing? Is she playing?
simple past	I played She played	I didn't play She didn't play	Did you play? Did she play?
past progressive	I was playing She was playing	I wasn't playing She wasn't playing	Were you playing? Was she playing?
present perfect	I've played She has played	I haven't played She hasn't played	Have you played? Has she played?
will-future	I'll play She'll play	I won't play She won't play	Will you play? Will she play?
going to-future	I'm going to play She's going to play	I'm not going to play She isn't going to play	Are you going to play? Is she going to play?

Die einfache Form des Präsens (The simple present)

Bildung

31 a)

Positive sentences		Negative sentences		
I **live**	in Hatfield.	I **don't live**	in London.	
You **live**		You **don't live**		
He/She/It **lives**		He/She/It **doesn't live**		3. Person Singular
We **live**		We **don't live**		
You **live**		You **don't live**		
They **live**		They **don't live**		

Long forms: I/you/we/they **do not live**
he/she/it **does not live**

Deutsch: Ich wohne in Hatfield. Ich wohne nicht in London.
Du wohnst … Du wohnst nicht …

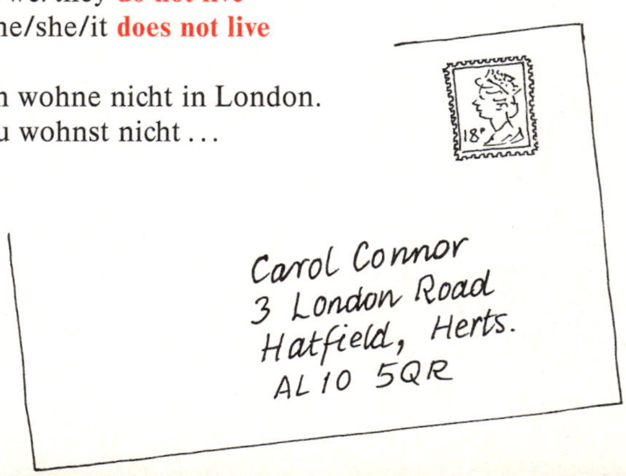

Carol Connor lives in Hatfield.
She doesn't live in London.

Questions			Short answers		
Do I **live**	in Hatfield?	Yes,	I **do**.	No,	I **don't**.
Do you **live**	in London?		you **do**.		you **don't**.
Does he/she/it **live**			he/she/it **does**.		he/she/it **doesn't**.
Do we **live**			we **do**.		we **don't**.
Do you **live**			you **do**.		you **don't**.
Do they **live**			they **do**.		they **don't**.

Don't they **live** in London? — No, they **don't**.
Where **do** they **live**? — In Hatfield.

Achte auf folgende **Besonderheiten** bei der Bildung des *simple present:*

1. Im **verneinten Satz** verwendest du *don't/doesn't* + Infinitiv:

Aussagesatz:	The Kings		live in Hatfield.
Verneinter Satz:	The Kings	don't	live in London.

K

I don't like this book.
Ich mag dieses Buch nicht.

Liz doesn't live here.
Liz wohnt hier nicht.

▷ Wortstellung in verneinten Sätzen: 5

2. Die **Frage** bildest du mit *do/does* + Infinitiv:

Aussagesatz:		The Connors live in a flat.
Fragesatz:	Do	the Connors live in a big flat?

K

Do you read a lot?
Liest du viel?

Where does Mrs Dean work?
Wo arbeitet Mrs Dean?

▷ Wortstellung in Fragesätzen: 6, 7

3. Bei der **3. Person Singular** mußt du immer ein *-s* anhängen:

Fragesatz:	Where does Mr Hill	live?	
Aussagesatz:	Mr Hill	lives	in Hatfield.
Verneinter Satz:	Mr Hill doesn't live		in London.

***He, she, it:* ein *-s* muß mit.**
Aber bei Frage und Verneinung
nur einmal *-s*.

1: 6, 7, 8

32 b) Besonderheiten bei der Aussprache und Schreibung der 3. Person Singular

Aussprache (Pronunciation)

nach stimmhaften Auslauten: [z] 	nach stimmlosen Auslauten: [s] 	nach Zischlauten [-z, -s, -ʃ, -dʒ, -tʃ]: [ɪz]
plays [-eɪz]	helps [-ps]	uses [-zɪz]
wears [-eəz]	eats [-ts]	practises [-sɪz]
reads [-dz]	takes [-ks]	finishes [-ʃɪz]
leaves [-vz]	laughs [-fs]	watches [-tʃɪz]

Die Aussprache des *-s* der **3. Person Singular** ist unterschiedlich. Sie hängt davon ab, wie der letzte Laut (Auslaut) des Infinitivs gesprochen wird.
Vergiß also nicht:
Es kommt auf die **Aussprache des letzten Lautes** des Infinitivs an, nicht auf die Schreibung.

⚠ say [seɪ] → he/she says [sez]
do [du:] → he/she does [dʌz]

▷ Aussprache des Plural-s: 55

Schreibung (Spelling)

Zischlaut *(-ss, -sh, -ch, -x)* → Zischlaut + **es**	Konsonant + *y* → Konsonant + **ies**	Vokal + *y* → Vokal + **ys**
miss → he/she misses	hurry → he/she hurries	play → he/she plays
finish → he/she finishes	fly → he/she flies	buy → he/she buys
watch → he/she watches	try → he/she tries	say → he/she says

⚠ go → he/she goes
do → he/she does

▷ Schreibung des Plurals der Nomen: 55

1: 6

33 Gebrauch

Dave and Kevin walk to school every morning. They often go home for lunch.
Liz usually plays table-tennis on Wednesdays. She collects stamps, too.

Sieh dir die Beispielsätze an! Was wird über die Kinder gesagt? Dave und Kevin gehen jeden Morgen, d. h. regelmäßig, zu Fuß in die Schule. Sie gehen oft zum Mittagessen nach Hause. Liz spielt normalerweise am Mittwoch Tischtennis. Und sie sammelt Briefmarken. Das ist ihr Hobby. In allen diesen Beispielsätzen steht das *simple present*: *walk, go, plays, collects.*

Simple present:

Wenn jemand etwas regelmäßig, oft, normalerweise oder auch als Hobby tut.*

1: 6

* Das *simple present* steht auch bei **Handlungsanweisungen**, die durch Signalwörter wie *first, then, after that* gekennzeichnet sind, z. B.: How **do** I **get** to the post office? – First you **go** along Grove Street. Then you **turn** left into Mill Road.

Die Verlaufsform des Präsens (The present progressive)

Bildung

4 a)

Positive sentences		Negative sentences	
I'm	working.	I'm not	watching TV.
You're		You aren't	
He's/She's		He/She isn't	
We're		We aren't	
You're		You aren't	
They're		They aren't	

He's working.

Long forms ▷ *be:* 19

Questions	Short answers
Are you working?	Yes, I am.
Is she watching TV?	No, she isn't.
Are they working?	Yes, they are.
What are you doing?	We're working.

Das *present progressive* wird mit einer Form von *be (am/are/is)* + *-ing form* des Verbs gebildet. Du erhältst die *-ing form,* wenn du an den Infinitiv **-ing** anfügst:

Infinitive	-ing form
help	helping
ask	asking
buy	buying

1:3

5 b) **Besonderheiten bei der Schreibung der -ing form**

p + p	stop → stopping (Aber: jump → jumping)		Nach einem **einzelnen** betonten Vokal wird ein **einzelner** Endkonsonant *(-p, -b, -t, -d, -g, -m, -n)* verdoppelt.
t + t	sit → sitting (Aber: eat → eating)		
n + n	begin [-'-] → beginning (Aber: open ['--] → opening)		
~~e~~	come → coming shine → shining drive → driving		Ein stummes *-e* fällt weg.

⚠ die → dying
lie → lying
travel → travelling

1:3

36 Gebrauch

Mrs King: Dave, are you in the garden?
Dave: Yes, Mum.
Mrs King: It's raining, Dave. What are you doing?
Dave: I'm playing with the dog.

Mit *It's raining* drückt Mrs King aus, daß es gerade regnet. Auf die Frage seiner Mutter *What are you doing?* („Was machst du?") antwortet Dave, daß er gerade mit dem Hund spielt: *I'm playing with the dog.* Die Formen *I'm playing, (what) are you doing?, it's raining* werden Verlaufsform des Präsens *(present progressive)* genannt. Eine solche Form gibt es im Deutschen nicht.

Present progressive:

- wenn jemand jetzt/gerade/im Augenblick etwas tut;
- wenn gerade etwas geschieht.
Die Handlung oder der Vorgang ist noch nicht abgeschlossen.

1: 3, 6

37 Simple present oder present progressive?

Mit dem deutschen Satz „Sandra spielt Hockey" kannst du zwei ganz verschiedene Dinge ausdrücken, je nachdem in welchem Zusammenhang du ihn verwendest. Im Englischen aber sagst du:

1. Sandra plays hockey (every week, every Wednesday).

   Damit drückst du aus, daß Sandra regelmäßig Hockey spielt, z. B. jede Woche, jeden Mittwoch. Hockey spielen ist Sandras Hobby.

2. Sandra is playing hockey (at the moment).

   Damit drückst du aus, daß Sandra jetzt gerade Hockey spielt.

Im ersten Satz steht das *simple present (plays)*, im zweiten das *present progressive (is playing)*. Wenn du also die Bedeutung des deutschen Satzes „Sandra spielt Hockey" im Englischen richtig wiedergeben willst, mußt du wissen, wann das *simple present* und wann das *present progressive* verwendet wird. Sieh dir dazu die folgenden Beispiele an:

Simple present

Pat often drinks tea for breakfast.
But she doesn't drink tea with milk.

Present progressive

Look, Pat is drinking orange juice today.
She isn't drinking tea.

Does Merlin read much?
– Yes, he does.

Is Merlin reading (at the moment)?
– Yes, he is.

What do you do on Saturday afternoons, Kevin? – I usually play football.

What are you doing, Kevin? – I'm making a cake, Dad.

Du verwendest das *simple present,* wenn jemand etwas regelmäßig, üblicherweise, oft, immer oder nie tut.

In Sätzen mit dem *simple present* findest du häufig Wörter wie:
every day, sometimes, usually, often, always, never, on Saturday.

Du verwendest das *present progressive:*
- wenn jemand etwas im Augenblick/gerade tut;
- wenn etwas gerade geschieht.

Die Handlung/der Vorgang ist noch nicht abgeschlossen, die Handlung/der Vorgang ist noch im Gange.

In Sätzen mit dem *present progressive* findest du häufig Wörter wie:
now, today, at the moment, this afternoon.

Simple present:	**regelmäßige Handlungen**
Present progressive:	**Handlungen, die gerade ablaufen; Vorgänge, die gerade geschehen**

⚠ Es gibt eine Reihe von Verben, die normalerweise **nicht** in der *progressive form* verwendet werden. Zu diesen Verben gehören:
believe (glauben), *feel* (fühlen), *hate* (hassen, gar nicht mögen), *hear* (hören), *know* (wissen, kennen), *like* (mögen), *love* (lieben, sehr mögen), *mean* (bedeuten), *need* (brauchen), *remember* (sich erinnern an), *see* (sehen), *suppose* (annehmen, vermuten), *think* (glauben, meinen), *understand* (verstehen), *want* (wollen, haben wollen).

1:8

Die einfache Form der Vergangenheit (The simple past)

Bildung

38 a) Positive sentences

Regular verbs		Irregular verbs	
I/You **watched** He/She **watched** We/They **watched**	TV last night.	I/You **bought** He/She **bought** We/They **bought**	an old car yesterday.

Die Bildung des *simple past* der **regelmäßigen Verben (regular verbs)** ist ganz einfach. Du hängst **-ed** an den Infinitiv an.

Infinitive	Simple past
watch	watch**ed**
listen	listen**ed**

Die **unregelmäßigen Verben (irregular verbs)** haben eine **eigene Form** für das *simple past.* So etwas kennst du auch aus dem Deutschen (z. B. gehen – ging, fallen – fiel).

Infinitive	Simple past
buy	**bought**
fall	**fell**

▷ Liste der unregelmäßigen Verben: 89

2:2

39 b) **Aussprache und Schreibung des simple past der regelmäßigen Verben**

Aussprache (Pronunciation)

nach stimmhaften Auslauten: [d]		nach stimmlosen Auslauten: [t]		nach [-d] und [-t]: [ɪd]	
cleaned	[-nd]	looked	[-kt]	needed	[-dɪd]
climbed	[-md]	helped	[-pt]	shouted	[-tɪd]
prepared	[-eəd]	watched	[-tʃt]	hated	[-tɪd]
stayed	[-eɪd]	laughed	[-ft]	wanted	[-tɪd]

Schreibung (Spelling)

stop → stopp**ed**
plan → plann**ed** ▷ Nach einem **einzelnen** betonten Vokal wird ein **einzelner** Endkonsonant *(-p, -b, -t, -d, -g, -m, -n)* verdoppelt.

arrive → arriv**ed**
move → mov**ed** ▷ Ein stummes *-e* fällt weg.

try → tr**ied**
carry → carr**ied** ▷ Die Endung Konsonant + *y* wird zu Konsonant + **ied**.

play → play**ed**
stay → stay**ed** ▷ Die Endung Vokal + *y* wird zu Vokal + **yed**.

⚠ travel → travell**ed**

▷ Schreibung der *-ing form:* 35
▷ Schreibung der 3. Pers. Sing. des *simple present:* 32

2:2

0 c) Negative sentences

Regular verbs		Irregular verbs	
I/You **didn't watch**	TV on Saturday.	I/You **didn't buy**	a new car yesterday.
He/She **didn't watch**		He/She **didn't buy**	
We/They **didn't watch**		We/They **didn't buy**	

Die **Verneinung** im *simple past* wird mit *didn't* (Langform: *did not*) + Infinitiv gebildet.
Erinnere dich an das *simple present:*

Simple present: The Connors don't live in a house.
Simple past: The Connors didn't live in a house.

Du darfst die Vergangenheitsform nur einmal verwenden:

Aussagesatz: Sandra watched TV last night.

Verneinter Satz: Sandra didn't watch TV on Saturday.
△ Infinitiv

▷ Verneinung im *simple present:* 31
▷ Wortstellung in verneinten Sätzen: 5 2:2

41 d)

Questions	Short answers
Did you **watch** TV last night?	Yes, I **did**.
Did she **buy** a new car yesterday?	No, she **didn't**.
Did they **watch** TV last night?	Yes, they **did**.
When **did** he **watch** TV?	Last night.

Die **Frage** im *simple past* wird mit vorangestelltem *did* + Infinitiv gebildet.
Erinnere dich auch hier an das *simple present:*

Simple present: Do the Connors live in Hatfield?
Simple past: Did the Connors live in Hatfield two years ago?

Du darfst die Vergangenheitsform nur einmal verwenden:

Aussagesatz: Liz met Tom yesterday.

Fragesatz: Where did Liz meet Tom?
△ Infinitiv

▷ Frage im *simple present:* 31
▷ Wortstellung in Fragesätzen: 6, 7 2:2

Yesterday the children visited their teacher in hospital.
The train left two minutes ago.
Kevin's birthday was last Friday.

In diesen Beispielsätzen wird etwas über die **Vergangenheit** gesagt. Das siehst du an den adverbialen Bestimmungen *yesterday, two minutes ago, last Friday.* Es wird also gesagt, **wann** jemand etwas getan hat oder **wann** etwas geschehen ist: Gestern besuchten die Kinder ihren Lehrer im Krankenhaus. Der Zug fuhr vor zwei Minuten ab. Kevins Geburtstag war letzten Freitag. In diesen Beispielsätzen stehen die Verben im *simple past*.

Last week Jenny took her dog to the cinema. They saw 'Animal Farm'. The dog sat next to Jenny and watched the film with her. After the film the woman next to Jenny said, "Did your dog enjoy the film?"
"Yes, he did," answered Jenny.
"I'm very surprised[1]," the woman said.
"I'm surprised, too," said Jenny, "because he didn't like the book very much."

[1] surprised [sə'praɪzd] *überrascht*

Dies ist ein Bericht über ein **vergangenes** Ereignis. Das erkennst du an der adverbialen Bestimmung *last week.* Die Verben in diesen Sätzen stehen im *simple past*.

Simple past:

- **wenn man sagt, wann jemand etwas getan hat oder wann etwas geschah;**
- **wenn man über vergangene Ereignisse oder Erlebnisse berichtet oder wenn man eine Geschichte erzählt.**

K

We were in Scotland last year.
Wir waren letztes Jahr in Schottland. (Präteritum)
oder: Wir sind letztes Jahr in Schottland gewesen. (Perfekt)

Did you like it there?
Gefiel es euch dort? (Präteritum)
oder: Hat es euch dort gefallen? (Perfekt)

2:2

Die Verlaufsform der Vergangenheit (The past progressive)

] Bildung

Positive sentences	
I **was reading**	when the teacher came in.
You **were reading**	
He/She **was reading**	
We/They **were reading**	

Negative sentences
I **wasn't talking**.
You **weren't talking**.
He/She **wasn't talking**.
We/They **weren't talking**.

Questions		Short answers
Were you **reading**	when the teacher came in?	Yes, I **was**.
Was she **talking**		No, she **wasn't**.
Were they **reading**		Yes, they **were**.
What **were** they **reading**		Comics.

Das *past progressive* wird mit *was/were* + *-ing form* des Verbs gebildet.

▷ Schreibung der *-ing form:* 35 A/OS 2: 9

] Gebrauch

Yesterday Mrs Dean came home at five o'clock.
It was raining.
What were the children doing when their mother came home?
Liz was writing a letter and Peter was doing his homework.

yesterday at five o'clock ist ein bestimmter Zeitpunkt in der Vergangenheit. Zu diesem Zeitpunkt regnete es. Liz war dabei, einen Brief zu schreiben. Peter saß über seinen Hausaufgaben, als Mrs Dean heimkam. Die Kinder hatten schon vor 5 Uhr mit ihrer Arbeit begonnen und waren um 5 Uhr noch nicht fertig. Man kann auch sagen, die Handlungen *Liz was writing a letter* und *Peter was doing his homework* waren um 5 Uhr **gerade im Gange**. Wie dir die Beispiele zeigen, verwendet man für solche Handlungen das *past progressive*.

Past progressive:

Eine Handlung oder ein Vorgang war zu einem bestimmten Zeitpunkt in der Vergangenheit gerade im Gange.

K

What were the children doing when their mother came home?
Was machten die Kinder (gerade), als ihre Mutter nach Hause kam?

Im Deutschen gibt es keine besondere Form für die Wiedergabe des *past progressive.*

▷ Gebrauch des *present progressive:* 36
▷ Verben, die normalerweise nicht in der *progressive form* verwendet werden: S. 29 A/OS 2: 9

Das Perfekt (The present perfect)

45 Bildung

Positive sentences		Negative sentences	
I've **cleaned**	the bike.	I **haven't washed**	the car.
You**'ve cleaned**		You **haven't washed**	
He/She **has cleaned** *		He/She **hasn't washed**	
We**'ve cleaned**		We **haven't washed**	
You**'ve cleaned**		You **haven't washed**	
They**'ve cleaned**		They **haven't washed**	

Long forms:
I/you/we/they **have cleaned**

Long forms:
I/you/we/they **have not washed**
he/she **has not washed**

Questions	Short answers
Have you **cleaned** the bike?	Yes, I **have**.
Has she **washed** the car?	No, she **hasn't**.
Have they **cleaned** the bike?	Yes, they **have**.
Why **haven't** they **washed** the car?	I don't know.

Das *present perfect* wird mit *have/has* + Partizip Perfekt *(past participle)* gebildet.

K

The car has stopped.
Das Auto hat angehalten.

The car has arrived.
Das Auto ist angekommen.

Das *present perfect* wird im Englischen immer mit *have/has* gebildet.
Im Deutschen wird „haben" oder „sein" verwendet.

K

Sandra has washed her hair.
Sandra hat sich die Haare gewaschen.

The children have arrived in London.
Die Kinder sind in London angekommen.

Anders als im Deutschen stehen ein Objekt oder eine adverbiale Bestimmung im Englischen immer **nach** dem Partizip Perfekt.

▷ Wortstellung: 4, 11, 12, 14

Sandra has washed her hair.

2: 6

* In Aussagesätzen mit der 3. Person Singular wird in **English G 1/2** nur die Langform verwendet: he/she **has** cleaned. (▷ 22)

46 Partizip Perfekt (Past participle)

Regular verbs

Infinitive	Past participle
clean	clean**ed** [-n**d**]
look	look**ed** [-k**t**]
stop	stopp**ed** [-p**t**]
try	tr**ied** [-aɪ**d**]

Das *past participle* der **regelmäßigen Verben (regular verbs)** wird wie das *simple past* gebildet. Du hängst **-ed** an den Infinitiv an.

Für die Schreibung und Aussprache des *past participle* gelten die gleichen Regeln wie beim *simple past.*

▷ Schreibung und Aussprache des *simple past* der regelmäßigen Verben: 39

Irregular verbs

Infinitive	Past participle
give	**given**
lose	**lost**
be	**been**
break	**broken**

Die **unregelmäßigen Verben (irregular verbs)** bilden das *past participle* nicht mit *-ed.* Sie haben dafür **eigene Formen**. Das kennst du auch aus dem Deutschen (z. B. schwimmen – geschwommen, trinken – getrunken). Diese Formen mußt du wie das *simple past* der unregelmäßigen Verben lernen.

▷ Liste der unregelmäßigen Verben: 89

2: 6

47 Gebrauch

Dave and Sally have bought Kevin a record for his birthday.
Liz has repaired her bike. She can ride it to school now.
Mrs Connor has broken her leg. She can't move it.
Has there ever been an accident in your street?

Mrs Connor has broken her leg.

In diesen Beispielsätzen mit dem *present perfect* wird etwas über die Vergangenheit gesagt: Dave und Sally haben Kevin eine Schallplatte gekauft. Liz hat ihr Fahrrad repariert. Mrs Connor hat sich das Bein gebrochen. Es wird gefragt, ob schon mal ein Unfall passiert ist. Sieh dir die Beispiele genau an: Es wird nicht gesagt, wann das geschehen ist. Es wird **kein genauer Zeitpunkt** in der Vergangenheit genannt. Es wird nur ausgedrückt, **daß** jemand etwas getan hat oder **daß** etwas geschehen ist.

Present perfect:

Wenn man mitteilen will, daß (nicht: wann!) jemand etwas getan hat oder daß (nicht: wann!) etwas geschehen ist.

48 Present perfect oder simple past?

Sowohl das *present perfect* als auch das *simple past* werden verwendet, um über Handlungen oder Ereignisse in der Vergangenheit zu sprechen. Die folgenden Beispiele zeigen dir, wann du im Englischen das *present perfect* und wann du das *simple past* verwenden mußt.

Present perfect

Sally: Look, Sue. I've bought a new dress. (1)
Isn't it great?

Sally will auf ihr neues Kleid aufmerksam machen. Sie sagt, **daß** sie sich ein neues Kleid gekauft hat.
Der Satz steht im *present perfect.*

Dave: Have you seen the new girl in 2 E yet? (3)
Liz: Yes, I have. (3)

Dave will wissen, **ob** Liz die neue Schülerin aus Klasse 2 E schon gesehen hat.
Die Frage steht im *present perfect.*

Simple past

→ I bought it at Top Fashion yesterday. (2)

Mit diesem Satz fügt Sally hinzu, **wann** (und wo) sie sich das Kleid gekauft hat (nämlich gestern bei Top Fashion).
Der Satz steht im *simple past.*

→ Dave: When did you see her? (4)
Liz: I saw her on Monday after school. (5)
But I didn't talk to her. (6)

Mit der *When*-Frage erkundigt sich Dave, **wann** Liz die neue Schülerin gesehen hat. Liz nennt den genauen Zeitpunkt (am Montag) und sagt außerdem, daß sie nicht mit ihr gesprochen hat. (Dabei wiederholt Liz den Zeitpunkt nicht, da er ja aus dem Zusammenhang klar ist.)
Frage und Antwort stehen im *simple past.*

Du verwendest das *present perfect:*
- wenn du mitteilen willst, **daß** jemand etwas getan hat (1) oder **daß** etwas geschehen ist;
- wenn du fragen willst, **ob** jemand etwas getan hat oder **ob** etwas geschehen ist (3).

Der genaue Zeitpunkt ist dabei unwichtig und wird nicht genannt.

Häufige Adverbien in Sätzen mit dem *present perfect:*
already, before, ever, just, never, often, (not) yet.

Du verwendest das *simple past:*
- wenn der **genaue Zeitpunkt** eines vergangenen Ereignisses genannt ist (2, 5) oder aus dem Zusammenhang hervorgeht (6);
- in **When-Fragen** (4);
- wenn du über ein **vergangenes Ereignis berichtest**, oder wenn du eine **Geschichte erzählst**. (▷ *Simple past:* 42)

Häufige Zeitangaben in Sätzen mit dem *simple past:*
two days ago, at one o'clock, at the weekend, in 1985, last night, last week, on Monday, yesterday.

Present perfect: Wenn man sagt, <u>daß</u> etwas geschehen ist.

Simple past: Wenn man sagt, <u>wann</u> etwas geschehen ist.

K

I've written to my pen-friend.
Ich habe an meinen Brieffreund geschrieben.

I wrote to my pen-friend yesterday.
Ich habe gestern an meinen Brieffreund geschrieben.
Ich schrieb gestern an meinen Brieffreund.

2:7

Das Futur mit "going to" (The going to-future)

9 Bildung

Positive sentences	Negative sentences	
I'm going to swim.	I'm not going to play	tennis.
You're going to swim.	You aren't going to play	
He's/She's going to swim.	He/She isn't going to play	
We're going to swim.	We aren't going to play	
You're going to swim.	You aren't going to play	
They're going to swim.	They aren't going to play	

Long forms: ▷ *be:* 19

Questions	Short answers
Are you going to swim?	Yes, I am.
Is she going to play tennis?	No, she isn't.
Are they going to swim?	Yes, they are.
Why isn't he going to swim?	Because he has got a cold.

Das *going to-future* wird mit *am/are/is going to* + Infinitiv gebildet.

2:5

50 Gebrauch

Kevin: What are you going to do at the weekend, Dave?
Was wirst/willst du am Wochenende machen, Dave?

Are you going to take part in the BMX race?
Hast du vor, am BMX-Rennen teilzunehmen?

Dave: No, I'm not. We're going to visit my aunt.
Nein. Wir wollen meine Tante besuchen.

Going to-future:

Wenn man sagt oder fragt, was jemand vorhat.

⚠ Tina **is watching** TV **(at the moment)**.
Carol **is going to watch** TV **(later)**.

2:5

Das Futur mit "will" (The will-future)

51 Bildung

Positive sentences	
I'**ll meet**	Sally at the club.
You'**ll meet**	
He'**ll**/She'**ll meet**	
We'**ll meet**	
You'**ll meet**	
They'**ll meet**	

Long forms:
I/you/he/... **will meet**

Negative sentences	
I **won't see**	Paul.
You **won't see**	
He/She **won't see**	
We **won't see**	
You **won't see**	
They **won't see**	

Long forms:
I/you/he/... **will not see**

Questions	Short answers
Will you **meet** Sally?	Yes, I **will**.
Will she **see** Paul?	No, she **won't**.
Will they **meet** Sally?	Yes, they **will**.
What **will** Sally **say**?	Nothing.

Das *will-future* wird mit *will* + Infinitiv (ohne *to*) gebildet.
(Statt *will* bzw. *won't* sind in der 1. Person Singular und Plural auch die Formen *shall* [ʃæl] bzw. *shan't* [ʃɑ:nt] gebräuchlich.) 2:8

2 Gebrauch

Sandra will be thirteen next year.
Sandra wird nächstes Jahr dreizehn (werden).

Mit diesem Satz im *will-future* sprichst du über etwas Zukünftiges, auf das du oder andere keinen Einfluß haben. Sandra wird im nächsten Jahr auf jeden Fall dreizehn werden.

Tom won't get much money for his old car. (1) I think he'll be unhappy about that. (2)
Tom wird nicht viel Geld für sein altes Auto kriegen. Ich glaube, er wird unglücklich darüber sein.

Mit dem ersten Satz drückst du eine Vorhersage aus. Du sagst, daß Tom nicht viel Geld erhalten wird. Dabei vermutest du (Satz 2), daß er deswegen enttäuscht sein wird. Beide Sätze stehen im *will-future*.

Um Vermutungen über die Zukunft zu äußern, kannst du mit dem *will-future* Ausdrücke wie *I imagine, I'm sure, I suppose, I think, perhaps, probably* verwenden.

Will-future:

- **wenn man über Dinge in der Zukunft spricht, auf die man keinen Einfluß hat;**
- **wenn man Vorhersagen macht oder Vermutungen äußert.**

⚠ Miss Green will be tired **when** she **gets** home.

In Nebensätzen mit *when* wird das *simple present* verwendet (**nicht** das *will-future*).

2:8

"going to" oder "will"?

Mrs Connor: We're going to spend our holidays in Scotland next summer.
Mrs King: I'm sure, you'll like it there.

Going to-future: **Wenn man sagt, was jemand vorhat oder plant.**

Will-future: **Wenn man Vorhersagen macht oder Vermutungen äußert.**

K

What are you going to do tomorrow?
Was machst du morgen? (Präsens)
Was wirst du morgen machen? (Futur)

I suppose he'll come back soon.
Vermutlich kommt er bald. (Präsens)
Vermutlich wird er bald kommen. (Futur)

Im Deutschen ist es meist unwichtig, ob du das Präsens oder das Futur benutzt, wenn du über die Zukunft sprichst. Im Englischen mußt du in solchen Fällen eine Form des Futurs verwenden.

A/OS 2: 9

DAS NOMEN (THE NOUN)

Der Plural der Nomen (The plural of nouns)

54 a)

Singular	Plural
one girl	two girls
boy	boys
shop	shops
book	books

Wenn du ein Nomen in den Plural (die Mehrzahl) setzen willst, hängst du ein **-s** an den Singular (die Einzahl) an.

1:1

55 b) **Besonderheiten bei der Schreibung und Aussprache**

Schreibung (Spelling)

Singular	Plural
one bus	two buses
class	classes
match	matches
box	boxes
one family	two families
country	countries
one boy	two boys
day	days

Endet der Singular auf einen Zischlaut *(-s, -ss, -sh, -ch, -x)*, dann lautet der Plural Zischlaut + **es**.

Endet der Singular auf Konsonant + *y*, dann lautet der Plural Konsonant + **ies**.

Endet der Singular auf Vokal + *y*, dann lautet der Plural Vokal + **ys**.

▷ Schreibung der 3. Person Singular des *simple present:* 32

⚠

Singular	Plural
one shelf [-f]	two shelves [-vz]
wolf	wolves
wife	wives
knife	knives
life	lives
Aber: chief [-f]	chiefs [-fs]
one tomato	two tomatoes
potato	potatoes

Nomen auf *-f* oder *-fe* bilden den Plural meist auf **-ves**.

tomato und *potato* bilden den Plural auf **-es**.

Plural der Nomen:

Singular + *-s* bzw. *-es*

Aussprache (Pronunciation)

nach stimmhaften Auslauten: [z]	nach stimmlosen Auslauten: [s]	nach Zischlauten [-z, -s, -ʃ, -dʒ, -tʃ]: [ɪz]
teachers [-əz]	cups [-ps]	exercises [-zɪz]
windows [-əʊz]	rabbits [-ts]	classes [-sɪz]
friends [-dz]	books [-ks]	cages [-dʒɪz]
names [-mz]	months [-θs]	matches [-tʃɪz]

Die Aussprache des **Plural-s** ist unterschiedlich. Sie hängt davon ab, wie der letzte Laut (Auslaut) des Singulars gesprochen wird. Vergiß also nicht: Es kommt auf die **Aussprache des letzten Lautes** des Singulars an, nicht auf die Schreibung.

⚠ house [-s] – houses [-zɪz]

▷ Aussprache des *-s* der 3. Person Singular des *simple present:* 32

1:4

6 c) **Unregelmäßige Pluralformen**

Singular	Plural
child [tʃaɪld]	**children** ['tʃɪldrən]
man [mæn]	**men** [men]
woman ['wʊmən]	**women** ['wɪmɪn]
foot	**feet**
tooth	**teeth**
mouse	**mice**
fish	**fish**

Einige Nomen bilden den Plural nicht auf *-s* oder *-es*.
Sie haben **unregelmäßige Pluralformen**.

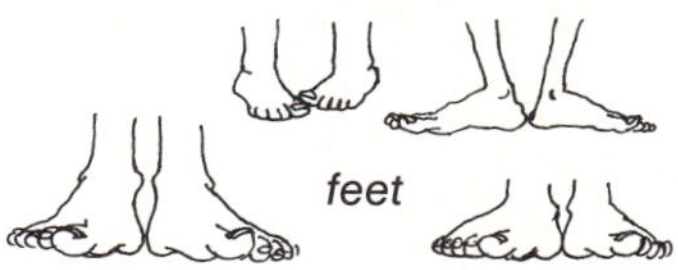

A 2: S. 145
B 2: S. 128
OS 2: S. 147

7 d) **Besonderheiten bei der Verwendung des Singulars und Plurals**

Singular im Englischen
▽
Plural im Deutschen

This furniture is new.
Diese Möbel sind neu.

Your hair is too long.
Deine Haare sind zu lang.

Here is some more information.
Hier sind noch weitere Informationen.

That's too much homework.
Das sind zu viele Hausaufgaben.

The USA is very big.
Die USA sind sehr groß.

Plural im Englischen
▽
Singular im Deutschen

These stairs are very dangerous.
Diese Treppe ist sehr gefährlich.

Are these your trousers?
Ist das deine Hose?

Where are the police?
Wo ist die Polizei?

A 2: S. 157
OS 2: S. 167

58 Der s-Genitiv (The possessive form)

Sally is Dave's [-vz] sister.
Sally ist Daves Schwester.

This is my aunt's [-ts] car.
Das ist das Auto (von) meiner Tante.

Wenn du sagen willst, daß jemand oder etwas (zu) einer Person gehört, verwendest du den Genitiv. Dieser Genitiv wird auch **s-Genitiv** genannt.

Genitiv Singular	Genitiv Plural
These are Sandra's stamps. ... Sandras Briefmarken.	This is the Kings' house. ... das Haus der Kings.
Liz likes her friend's stamps. ... die Briefmarken ihrer Freundin.	Tina likes her friends' pets. ... die Tiere ihrer Freundinnen.
Wenn von einer einzelnen Person gesprochen wird, hängst du 's an die Singularform an.	Wenn von mehreren Personen gesprochen wird, hängst du ' an die Pluralform an.

⚠ Can you see the children's mother?
... die Mutter der Kinder?

Bei den unregelmäßigen Pluralformen *men, women, children* hängst du 's an die Pluralform an.

s-Genitiv:

Singular + *'s:* my brother's car
Plural + *'* : my parents' car

1:2
2:3

59 Die of-Fügung (The of-phrase)

I like the colour of your trousers.
. . . die Farbe deiner Hosen.

What's the name of the street?
. . . der Name der Straße?

Wenn du ausdrücken willst, daß eine Sache zu einer anderen Sache gehört, verwendest du die **of-Fügung**.

s-Genitiv für Personen: the woman's name

of-Fügung für Sachen: the name of the street

K the woman's name — der Name der Frau
the name of the street — der Name der Straße

▷ Präposition *of:* 86 (S. 58)

A 1: S. 130
B 1: S. 118
OS 1: S. 119

DER ARTIKEL (THE ARTICLE)

Der **bestimmte Artikel (definite article)** heißt *the,* der **unbestimmte Artikel (indefinite article)** heißt *a* oder *an.*

the [ðə]	man	der Mann
	bottle	die Flasche
	French book	das Französischbuch
	houses	die Häuser
a [ə]	book	ein Buch
	nice aunt	eine nette Tante

Wenn ein Nomen oder ein Adjektiv mit einem **Konsonanten** beginnt, mußt du den bestimmten Artikel [ðə] aussprechen. Als unbestimmter Artikel steht in diesem Fall *a.*

the [ðɪ]	uncle	der Onkel
	invitation	die Einladung
	English book	das Englischbuch
	old houses	die alten Häuser
an [ən]	exercise book	ein Heft
	aunt	eine Tante

Wenn ein Nomen oder ein Adjektiv mit einem **Vokal** beginnt, mußt du den bestimmten Artikel [ðɪ] aussprechen. Als unbestimmter Artikel steht in diesem Fall *an.*

⚠ Es kommt auf die **Aussprache des ersten Lautes** (Anlaut) an, nicht auf die Schreibung. Gib also acht bei folgenden Wörtern:

the hour	[ðɪ ˈaʊə]	**an** hour	[ən ˈaʊə]
the uniform	[ðə ˈjuːnɪfɔːm]	**a** uniform	[ə ˈjuːnɪfɔːm]
the unit	[ðə ˈjuːnɪt]	**a** unit	[ə ˈjuːnɪt]
the one-pound coin	[ðə ˈwʌnpaʊnd ˈkɔɪn]	**a** one-pound coin	[ə ˈwʌnpaʊnd ˈkɔɪn]

1:5

Besonderheiten beim Gebrauch des Artikels

Unbestimmter Artikel bei Berufsangaben:

My sister is **a** doctor. Meine Schwester ist Ärztin.

Unbestimmter Artikel in folgenden Wendungen:

(to) have **a** cold	Schnupfen haben	(to) be in **a** hurry	in Eile sein
(to) have **a** headache	Kopfschmerzen haben	(to) have **a** wash	sich waschen
(to) have **a** temperature	Fieber haben	for **a** long time	lange Zeit
(to) make **a** noise	Lärm machen	**a** hundred miles	hundert Meilen

Bestimmter Artikel in folgenden Wendungen:

(to) play **the** piano	Klavier spielen	(to) listen to **the** radio	Radio hören
(to) play **the** guitar	Gitarre spielen		

Kein bestimmter Artikel in folgenden Wendungen:

(to) be at school	in **der** Schule sein	in town	in **der** (Innen-)Stadt
(to) go to school	**zur** (zu der) Schule gehen	in hospital	**im** (in dem) Krankenhaus
(to) go to work	**zur** Arbeit gehen	in Grove Street	in **der** Grove Street
(to) go to bed	**ins** (in das) Bett gehen	after breakfast	nach **dem** Frühstück
by car/bus/...	mit **dem** Auto/Bus/...	most people	**die** meisten Leute

A 1: S. 131/135; A 2: S. 150
B 1: S. 119; B 2: S. 125
OS 1: S. 120; OS 2: S. 144

DAS ADJEKTIV (THE ADJECTIVE)

Gebrauch

Sarah has got a **new** **bike**. This **exercise** isn't **difficult**.

Mit einem **Adjektiv** sagst du etwas aus über die Eigenschaften oder Merkmale eines **Nomens**.

K

an old record-player	an old clock	an old telephone
ein alt**er** Plattenspieler	eine alt**e** Uhr	ein alt**es** Telefon

62 Steigerung (Comparison)

Im Englischen gibt es **zwei Arten** der Steigerung:

		comparative	superlative
1. Durch Anhängen der Endungen **-er**/**-est** werden gesteigert:			
a) alle einsilbigen Adjektive	small	small**er**	small**est**
	klein	kleiner	(der/die/das) kleinste, am kleinsten
	short	short**er**	short**est**
b) alle zweisilbigen Adjektive, die auf *-y* enden	silly	silli**er**	silli**est**
	angry	angri**er**	angri**est**
2. Durch Voranstellen von **more**/**most** werden gesteigert:			
a) die meisten zweisilbigen Adjektive, die nicht auf *-y* enden	careful	**more** careful	**most** careful
	vorsichtig	vorsichtiger	(der/die/das) vorsichtigste, am vorsichtigsten
	famous	**more** famous	**most** famous
b) alle Adjektive mit mehr als zwei Silben	terrible	**more** terrible	**most** terrible
	interesting	**more** interesting	**most** interesting

⚠ *good* und *bad* sowie *much/many* haben **besondere Steigerungsformen**:	good	**better**	**best**
	bad	**worse** [wɜːs]	**worst** [wɜːst]
	much/many	**more**	**most**
	viel/viele	mehr	(der/die/das) meiste, am meisten

2: 4

3 Besonderheiten bei der Schreibung und Aussprache der Adjektive, die mit -er/-est gesteigert werden

Schreibung (Spelling)

fat →	fatter	fattest	Nach einem **einzelnen** Vokal wird ein **einzelner** Endkonsonant *(-p, -b, -t, -d, -g, -m, -n)* verdoppelt.
big →	bigger	biggest	
large →	larger	largest	Ein stummes *-e* fällt weg.
nice →	nicer	nicest	
hungry →	hungrier	hungriest	*-y* wird zu *-i-*, wenn ein Konsonant vorausgeht.
easy →	easier	easiest	

▷ Schreibung der *-ing form:* 35
▷ Schreibung der 3. Pers. Sing. des *simple present:* 32

Aussprache (Pronunciation)

long [lɒŋ] → longer ['lɒŋgə] longest ['lɒŋgɪst]
young [jʌŋ] → younger ['jʌŋgə] youngest ['jʌŋgɪst]

Steigerung der Adjektive:

1. Mit *-er/-est:* – **einsilbige**
– **zweisilbige auf *-y***

2. Mit *more/most:* – **zweisilbige, die nicht auf *-y* enden**
– **alle mit mehr als zwei Silben**

2: 4

Sätze mit Vergleichen (Sentences with comparisons)

4 a) Wenn du **Vergleiche** anstellen willst, hast du mehrere Möglichkeiten.
Sieh dir die folgenden Beispiele an:

Kevin is **as** old **as** Liz.
... **so** alt **wie** ...
He is **not as** old **as** Carol.
... **nicht so** alt **wie** ...
But he is old**er than** Tina.
... ält**er als** ...
Carol is **the** old**est**.
... **die** älteste.

Kevin (11) *Liz (11)* *Carol (13)* *Tina (10)*

K

older **than** ... more interesting **than** ...
älter **als** ... interessanter **als** ...

Im Englischen heißt „als“ im Vergleich immer *than,* niemals *as.* 2: 4

5 b) My brother is taller than **me**. But my sister is almost as tall as **him**.
... als **ich**. ... wie **er**.

Wenn nach *than* oder *as* ein Personalpronomen steht, wird in der Umgangssprache meist die **Objektform** des Personalpronomens verwendet. Du sagst also *me, him, her, us, them* statt *I, he, she, we, they.* 2: 4

[66] Das Stützwort "one" (The prop-word "one")

Look at the dogs. I like the small dog.

Wenn du in diesem Beispiel das Nomen *dog* nicht wiederholen willst, kannst du stattdessen *one* verwenden. Also:

Look at the dogs. I like the small **one**.

Als Plural mußt du die Form *ones* verwenden:

I don't like the big **ones**.

one (Plural: *ones*) wird als **Stützwort (prop-word)** bezeichnet. Es wird verwendet, wenn man ein schon genanntes Nomen nicht wiederholen will.

K

Look at the dogs.
I like the small **one**, but I don't like the big **ones**.
... den kleinen, ... die großen ...

Im Deutschen hat das Stützwort *one* meist keine Entsprechung. A/OS 2: 4

DAS ADVERB DER ART UND WEISE (THE ADVERB OF MANNER)

67 Gebrauch

Bob drove the car **badly** and **dangerously**.
... schlecht und gefährlich.
He also drove too **quickly**.
... zu schnell.

Wie du siehst, sagen die Wörter *badly, dangerously, quickly* aus, wie oder auf welche Art und Weise Bob fuhr: schlecht, gefährlich und schnell.
Wörter, die ausdrücken, wie oder auf welche Art und Weise jemand etwas tut oder wie etwas geschieht, heißen **Adverbien der Art und Weise**.

Die folgenden Beispiele sollen dir den Unterschied zwischen Adverbien der Art und Weise und Adjektiven deutlich machen:

Adverb	Adjective
Mrs Connor **drives** **carefully**. ... vorsichtig.	**Mrs Connor** is always **careful**. ... vorsichtig. She is a **careful** **woman**. ... eine vorsichtige Frau.
Das Adverb *carefully* sagt dir, wie oder auf welche Art und Weise Mrs Connor fährt. Das **Adverb** beschreibt also das **Verb** näher. ▷ Stellung der Adverbien der Art und Weise: 13	Das Adjektiv *careful* sagt aus, was für eine Frau Mrs Connor ist. Das **Adjektiv** beschreibt also ein **Nomen** näher. Adjektive werden oft nach *be (is careful)* oder vor einem Nomen *(a careful woman)* benutzt.

2: 5

Bildung

a)

Adjective	Adverb	
Tom is **slow**.	He works **slowly**.	Die Bildung des Adverbs der Art und Weise ist einfach: Du fügst **-ly** an das Adjektiv an.
Amy is a **clever** player.	She plays **cleverly**.	
Bob is a **dangerous** driver.	He drives **dangerously**.	

Im Englischen haben die Adverbien bis auf wenige Ausnahmen eine andere Form als die Adjektive.

b) **Besonderheiten bei der Schreibung**

easy	→	easily	*-y* wird zu *-i-*.
happy	→	happily	
terrible	→	terribly	Die Endung *-le* fällt weg.

c) **Sonderformen**

Adjective	Adverb	
Liz is **good** at hockey.	She plays it **well**.	Das Adverb zu *good* ist *well*.
We've got a **fast** car.	It goes **fast**.	*fast* und *hard* haben als Adjektiv und Adverb dieselbe Form.
Our last test was **hard**.	We worked **hard** for it.	

2:5

Steigerung (Comparison)

		comparative	superlative
1. Adverbien mit der Endung *-ly* werden mit **more**/**most** gesteigert:	Brian works quickly.	Steve works **more** quickly.	Judy works **most** quickly.
2. Einsilbige Adverbien werden mit **-er**/**-est** gesteigert:	fast	fast**er**	fast**est**
	hard	hard**er**	hard**est**

⚠ *well* und *badly* haben **besondere Steigerungsformen**:	well	**better**	**best**
	badly	**worse**	**worst**

A/OS 2:5

Sätze mit Vergleichen (Sentences with comparisons)

Sandra is riding **as** fast **as** Liz.
... **so** schnell **wie** ...
Kevin is **not** riding **as** fast **as** the girls.
... **nicht so** schnell **wie** ...
Janet is riding fast**er than** the others.
... schnell**er als** ...

▷ Vergleiche mit Adjektiven: 64

MENGENANGABEN (QUANTIFIERS)

[71] some, any, a lot of/lots of, no

I've got **some** time.
... etwas Zeit.
There isn't **any** water on the moon.
... kein Wasser ...
We've got **a lot of/lots of** tea.
... viel Tee.
There's **no** butter on the table.
... keine Butter ...

time, water, tea, butter kann man nicht einzeln abzählen. Sie werden im Englischen *uncountables* genannt. Sie stehen **nur** im **Singular**, aber nie mit dem unbestimmten Artikel *a*.

And I've got **some** ideas.
... einige/ein paar Ideen.
And there aren't **any** trees.
... keine Bäume.
And we've got **a lot of/lots of** sandwiches.
... viele belegte Brote.
And there are **no** crisps.
... keine Kartoffelchips.

ideas, trees, sandwiches, crisps kann man zählen. Sie werden im Englischen *countables* genannt. Sie können im **Singular und** im **Plural** stehen (*one idea – two ideas* usw.).

Wie dir die Beispiele zeigen, können *some, any, a lot of/lots of, no* mit **nicht-zählbaren Nomen im Singular (uncountables)** und mit **zählbaren Nomen im Plural (countables)** stehen.

A 1: 9

72 much – many

How **much** money have you got?
– Not very **much**. Only £2.

much (viel) darfst du nur mit einem **Nomen im Singular** verwenden.

Ebenso: *how much, very much, so much, too much.*

How **many** records have we got?
– Not **many**.

many (viele) darfst du nur mit einem **Nomen im Plural** verwenden.

Ebenso: *how many, very many, so many, too many.*

much **(viel) mit Nomen im Singular**
many **(viele) mit Nomen im Plural**

⚠ We've got **a lot of/lots of tea**.
But we have**n't** got **much coffee**.
How **many apples** have we got**?**

much und *many* werden meist in Fragen und verneinten Sätzen verwendet. In Aussagesätzen ist *a lot of/lots of* gebräuchlicher.

A 1: 9
B 2: S. 126
OS 2: S. 145

“some”, “any” und ihre Zusammensetzungen

a)

Positive sentences	The Kings need **some** [səm] **eggs**. – And **butter**? No. They've still got **some** [sʌm].	... (einige/ein paar) Eier. ... noch welche.
Negative sentences	They do**n't** need **any potatoes**. – And **bread**? No. They do**n't** need **any**.	... keine Kartoffeln. ... keines.
Questions	Do the Kings need **any biscuits?** Have they got **any milk?**	Brauchen die Kings Kekse? Haben sie (noch) Milch?

some wird vor allem in **Aussagesätzen**, *any* in **verneinten Sätzen** und in **Fragen** verwendet. Oft haben *some* und *any* (in Fragen) keine Entsprechung im Deutschen.

b) Wie *some* und *any* werden auch die **Zusammensetzungen** mit *some* und *any* verwendet. Sieh dir dazu die folgenden Beispiele an, und achte auch auf die deutschen Entsprechungen:

Positive sentences	There's **somebody** in the house. I can see **something** behind the door. Liz must be **somewhere** in the garden. Let's go **somewhere** quiet.	jemand etwas irgendwo irgendwohin
Negative sentences	I ca**n't** see **anybody** in the room. There is**n't anything** in the bag. I ca**n't** find my ruler **anywhere**. Liz did**n't** go **anywhere** yesterday.	niemand nichts nirgendwo nirgendwohin
Questions	Can you see **anybody** in the bus**?** Would you like **anything** else**?** Is there a bank **anywhere** near here**?** Did you go **anywhere** last night**?**	(irgend) jemanden (irgend) etwas anderes irgendwo irgendwohin

some **in Aussagesätzen**
any **in verneinten Sätzen und Fragen**

2:3

[74] both

Both girls play the guitar.
Oder:
Both the girls play the guitar.
Beide Mädchen/Die beiden Mädchen ...

I want **both books**.
Oder:
I want **both the books**.
... beide/die beiden Bücher.

both bedeutet „beide" (= „alle beide, der eine wie der andere").

⚠ Give me **both the bags**. — ... beide Taschen.
Both her children walk to school. — Ihre beiden Kinder ...
I'd like **both these T-shirts**, please. — ... diese beiden T-Shirts ...

both steht immer **vor** *the* oder einem anderen Bestimmungswort (z. B. *her, these*).

K

Both of us like music.
Wir beide ...

Both of them made a mistake.
(Alle) beide ...

Both of them speak English.

A/OS 2: 4

DIE PRONOMEN (THE PRONOUNS)

Das Personalpronomen (The personal pronoun)

75

	Subject form	Object form
Singular	**I** can't read this. **You**'re too quiet. Kevin? Yes, **he**'s here. Liz? No, **she** isn't here. Your bike! **It** has got a puncture.	Can you help **me**? I can't hear **you**. We can ask **him**. You can't ask **her**. Can you repair **it**?
Plural	**We**'re still at school. Sandra and Liz, where are **you**? **They**'re in the garden.	Can you fetch **us**? I can't see **you**. Dave is talking to **them**.

Die Personalpronomen *I, you, he, ...* sind Subjekt des Satzes. Deshalb spricht man von der *subject form.*

Die Personalpronomen *me, you, him, ...* sind Objekt des Satzes. Deshalb spricht man von der *object form.*

K

Tom can help	**me**.	mir		Liz can't see	**me**.	mich
	you.	dir, Ihnen			**you**.	dich, Sie
	him.	ihm			**him**.	ihn
	her.	ihr			**her**.	sie
	it.	ihm, ihr			**it**.	es, ihn, sie
	us.	uns			**us**.	uns
	you.	euch, Ihnen			**you**.	euch, Sie
	them.	ihnen			**them**.	sie

Im Gegensatz zum Deutschen gibt es im Englischen nur **eine** Objektform.

▷ Objektform des Personalpronomens nach *than* und *as:* 65 1:1, 5

6 Wenn du von **Sachen** sprichst oder von **Tieren**, die **keinen Namen** haben, verwendest du im Englischen *it* (niemals *he* oder *she*):

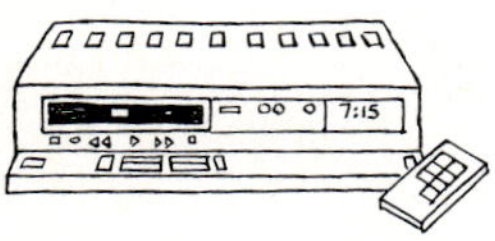

the video recorder	**It**'s new.	the bag	**It**'s old.	the rabbit	**It**'s clever.
der Videorecorder	**Er** ...	**die** Tasche	**Sie** ...	**das** Kaninchen	**Es** ...

1:1

7 K

Das deutsche **SIE** wird im Englischen ganz verschieden wiedergegeben:

I like Sally. **She**'s my friend.
I like Dave and Sally. **They**'re my friends.
Are **you** from Dover, Miss Green?
Liz is coming. I can see **her**.
Dave and Sally are in the garden. I can see **them**.
This is my bag. **It**'s new.

A 1: S. 127
B 1: S. 115
OS 1: S. 116

K

Dem englischen **YOU** entsprechen im Deutschen acht verschiedene Formen:

Where are **you**, Tom?	du
Where are **you**, Miss Green? I can't see **you**.	Sie
Can I help **you**, Sarah?	dir
Can I help **you**, Mr Hill?	Ihnen
I can't hear **you**, Liz.	dich
Where are **you**, Dave and Kevin?	ihr
I can't see **you**.	euch
You can't get stamps in that shop.	man

A 1: S. 122
B 1: S. 110
OS 1: S. 111

78 Das Possessivpronomen: Adjektivischer Gebrauch (The possessive adjective)

I'm twelve. **My brother** is eleven. — Mein Bruder ...
You're quiet. **Your sister** is lively. — Deine Schwester ...
He's my friend. **His name** is Mike. — Sein Name ...
She's my friend. **Her name** is Judy. — Ihr Name ...
It's a school. **Its name** is Park School. — Ihr Name ...

We're in class 1F. **Our teacher** is Mr Hill. — Unser Lehrer ...
You're in class 1B, Kate and Pat. **Your teacher** is Miss Green. — Eure Lehrerin ...
They're sisters. **Their name** is Connor. — Ihr Name ...

1:2

K

Das deutsche **IHR** wird im Englischen verschieden wiedergegeben:

Where's **your** car, Miss Green?
Jane is ten. **Her** brother is twelve.
This cat is nice. What's **its** name?
They're brothers. **Their** name is Brown.

You're late, Tina and Carol. (Personalpronomen)

A 1: S. 119
B 1: S. 107
OS 1: S. 108

79 Das Possessivpronomen: Nominaler Gebrauch (The possessive pronoun)

This isn't my pencil. **Mine** (= **my pencil**) is green. — Meiner ...
I can't find my calculator. Can I have **yours** (= **your calculator**)? — ... deinen ...
Where are Kevin's shoes? Those aren't **his** (= **his shoes**). — ... seine.
I've done my homework, but Liz hasn't done **hers** (= **her homework**). — ... ihre ...

Your dog is old, **ours** (= **our dog**) is young. — ... unserer ...
My birthday is in May. When are **yours** (= **your birthdays**), Liz and Peter? — ... eure ...
This isn't the Parkers' house. **Theirs** (= **their house**) is much bigger. — Ihres ...

Wenn du ein bereits genanntes Nomen nicht wiederholen willst, kannst du *mine, yours, his, ...* verwenden. Du sagst also *mine* statt *my pencil, yours* statt *your calculator, his* statt *his shoes* usw. *mine, yours, his, ...* heißen *possessive pronouns*. Sie haben im Singular und Plural dieselbe Form.

K

Is this calculator yours? – Yes, it's mine.
Gehört dieser Taschenrechner dir? – Ja, er gehört mir.

2:8

Possessive adjective + Noun			Possessive pronoun	
It's	my	computer.	It's	mine.
	your			yours.
	his			his.
	her			hers.
	our			ours.
	your			yours.
	their			theirs.

> ***my, your, his*** **usw. stehen immer vor einem Nomen.**
> ***mine, yours, his*** **usw. stehen alleine.**

Das Demonstrativpronomen (The demonstrative pronoun)

This is a nice **dog**.	Dies/Das (hier) ...
These **rabbits** are funny.	Diese/Die Kaninchen (hier) ...
I like that **hamster**.	... den Hamster (dort).
Let's buy those **mice**.	... die Mäuse (dort).

this (Plural: *these*) und *that* (Plural: *those*) können oft unterschiedslos verwendet werden.
Aber bei **weiter entfernten** Dingen verwendet man nur *that* (im Singular) und *those* (im Plural).

⚠		
Singular:	**this cassette**	**that bag**
Plural:	**these cassettes**	**those bags**

K

This is **Sally**, and **that**'s **Carol**.
Das ist Sally, und **das (da)** ist Carol.

These are my **cassettes**, and **those** are my **records**.
Das sind meine Kassetten, und **das (da)** sind meine Platten. 1:5

FRAGEWÖRTER (QUESTION WORDS)

81 who (wer)

Who is that girl over there? – (It's) Susan.
Who collects coins? – Sally (does).

Mit *who* fragst du nach **Personen**.

▷ Wortstellung in *who*-Fragen: 7

82 whose (wessen)

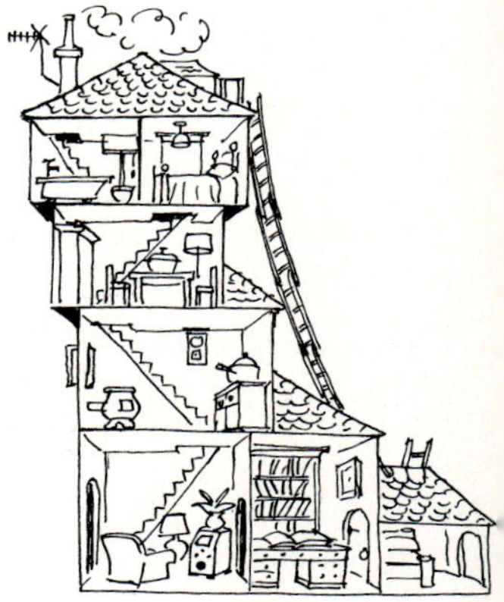
Whose house is this?

Whose **calculator** is this? – (It's) Sandra's.
Whose **parents** can't come? – Tom's.
Whose **shoes** are these? – (They're) mine.

Mit *whose* fragst du danach, **(zu) wem etwas oder jemand gehört**.

⚠ In der Antwort auf eine Frage mit *whose* muß stets der s-Genitiv oder *mine, yours, his* usw. stehen: *Sandra's, Tom's, mine.*

K

Whose bike is this? = Whose is this bike? – (It's) mine.
Wessen Rad ist das? = Wem gehört dieses Rad? – (Es ist) meins. = (Es gehört) mir.

2: 4

83 what (was)

What made Kevin nervous? – [Subject: The noise] made him nervous.

What did Sandra buy yesterday? – She bought [Object: some records].

Mit *what* fragst du nach **Dingen**. Du kannst mit *what* nach dem Subjekt eines Satzes (Beispiel 1) oder nach dem Objekt eines Satzes (Beispiel 2) fragen.

K

What are you good **at**?	Worin ...?/In was ...?
What's Peter waiting **for**?	Worauf ...?/Auf was ...?
What's the next test **on**?	Worüber ...?/Über was ...?

A 2: S. 150
B 2: S. 134
OS 2: S. 153

▷ Wortstellung in Fragesätzen: 6, 7

which (welche, -r, -s)

Which bus goes to the town centre?
Which of these two books is yours?
Which boy is the slowest? – Tim.

Mit *which* fragst du nach **Dingen oder Personen aus einer begrenzten Anzahl**: „Welcher Bus (von den vier angegebenen)?" „Welches Buch (von den beiden)?" „Welcher Junge (von den Kindern oder in der Klasse)?"

⚠ What colour are your eyes?
Was für eine Farbe ...?

Who watched the film last night?
Wer ...?

Anzahl unbeschränkt

Which colour do you want – blue or red?
Welche/Was für eine Farbe ...?

Which of you liked the film?
Wer von euch ...?

Anzahl begrenzt

2: 4

when, where, why, how, how many, how much

When can you come? – At six.	Wann ...?	Zeit
Where's your father? – In the kitchen. Where are you going? – To the record shop. Where are you from? – Hatfield.	Wo ...? Wohin ...? Woher ...?	Ort und Richtung
Why can't you come? – (Because) I'm busy.	Warum ...?	Grund
How do you spell the word "cassette"?	Wie ...?	Art und Weise
How many pets have you got? – Two. How much milk have we got? – One bottle. How much is the biro? – 80 pence.	Wie viele ...? Wieviel ...? Wieviel kostet ...?	Anzahl Menge Preis

How are you?	Wie geht es dir?
How's everything?	Wie geht's denn so?
How old are you?	Wie alt bist du?

⚠ **where? = wo?**
who? = wer?

86 PRÄPOSITIONEN (PREPOSITIONS)

(Auf S. 60 findest du Zeichnungen, die dir die Verwendung von einigen Präpositionen anschaulich machen.)

about

I like books **about** magic.	**über** Zauberei	
I'm phoning **about** the party.	**wegen** der Party	

across

Don't run **across** the street.	**(quer) über** die Straße	

after (Gegenteil: before)

Let's meet **after** lunch.	**nach** dem Mittagessen	zeitlich
"Smith" comes **after** "Smart" in the list.	**nach** "Smart"	örtlich
Look, Mr Hill is running **after** his dog.	**hinter** seinem Hund **her**	

against

We played **against** Grove School yesterday.	**gegen** die Grove-Schule	

along

Turn left and walk **along** Market Street.	die Market Street **entlang**	

at

Look, Liz is waiting **at** the bus stop.	**an** der Bushaltestelle	örtlich
Sandra's mother is **at** a party.	**auf** einer Party	
Kevin is **at** Dave's house.	**bei** Dave (zu Hause)	
The match begins **at** 3 o'clock.	**um** 3 Uhr	zeitlich
Come back **at** the weekend.	**am** Wochenende	

at school	in der Schule	at the moment	im Moment, zur Zeit
at home	zu Hause	at night	nachts, bei Nacht
at work	bei der Arbeit, am Arbeitsplatz	at Easter	zu/an Ostern
at 22 Albert Road	in der Albertstraße 22	at last	endlich, schließlich
at the table	am Tisch	at least	mindestens, wenigstens
at the end (of)	am Ende/Schluß (von)	good/bad at sport	gut/schlecht in Sport

before (Gegenteil: after)

They usually go to bed **before** ten.	**vor** zehn (Uhr)	zeitlich
"Smart" comes **before** "Smith" in the list.	**vor** "Smith"	Reihenfolge

behind (Gegenteil: in front of)

What's **behind** that wall?	**hinter** dieser Wand	

between

There's a good road **between** Hatfield and Woodside.	**zwischen** Hatfield und Woodside	

by

Sandra usually goes to school **by** bike.	**mit** dem Fahrrad	

down (Gegenteil: up)

Dave fell **down** the stairs yesterday.	die Treppe **hinunter**

during

Tom always works **during** the holidays.	**während** der Ferien

während

Come and visit me **during** the holidays.	*during* (Präposition) vor Nomen
I broke my leg **while** I was on holiday.	*while* (Konjunktion) vor Sätzen

for

I've got a fantastic present **for** Mum.	**für** Mutti
What would you like **for** breakfast?	**zum** Frühstück

for three weeks	drei Wochen lang	for the first time	zum ersten Mal
for hours	stundenlang	for example	zum Beispiel
for a long time	lange Zeit	for sale	zu verkaufen
for ever	für immer	good for headaches	gut gegen Kopfschmerzen

from

Andreas is **from** Neustadt.	**aus** Neustadt	örtlich
Liz has got a letter **from** her pen-friend.	**von** ihrer Brieffreundin	
The children are at school **from** nine till four.	**von** neun bis vier	zeitlich

from now on	von jetzt an, ab jetzt	different from	anders als

in

The dogs are **in** the garden.	**im** Garten	örtlich
My birthday is **in** July.	**im** Juli	zeitlich

in bed	im Bett	in the morning(s)	morgens, vormittags
in town	in der (Innen-)Stadt	in the afternoon(s)	nachmittags
in the street	auf der Straße	in the evening(s)	abends
in the fields	auf dem Feld	in (the) spring	im Frühling
in the country	auf dem Land	in future	künftig, ab jetzt
in the picture	auf dem Bild	in a minute	gleich, sofort
in English	auf englisch	interested in music	interessiert an Musik
in my opinion	meiner Meinung nach		
in different ways	auf verschiedene Weise		

in front of (Gegenteil: behind)

There are lots of trees **in front of** our house.	**vor** unserem Haus

vor

The bus stops **in front of** our house.	örtlich
Sandra's grandmother died two years **ago**. I usually go to bed **before** ten (o'clock). Hurry up. It's ten minutes **to** ten.	zeitlich
"Carter" comes **before** "Connor" in the list.	Reihenfolge

inside

Let's wait **inside** the house.	**im** Haus, innen, drinnen
Let's go **inside** the house.	**ins** Haus (hinein), nach drinnen

into

Suddenly the dog jumped **into** the water.	**in** das Wasser (**hinein**)
Turn left **into** Mill Road.	**in** die Mill Road

like

That man looks **like** a film star.	**wie** ein Filmstar

near

Woodside is a village **near** Hatfield.	**in der Nähe von/nahe (bei)** Hatfield

next to

The dining-room is **next to** the kitchen.	**(direkt) neben** der Küche

of

This is a picture **of** our school.	**von** unserer Schule

a map of England	eine Karte von England	north of London	nördlich von London
a cup of tea	eine Tasse Tee	full of water	voll(er) Wasser
a packet of biscuits	eine Packung Kekse	typical of teachers	typisch für Lehrer
a lot of work	viel Arbeit	nice of you	nett von dir

▷ Die *of*-Fügung: 59

off

Kate fell **off** her horse yesterday.	**von** ihrem Pferd (**herunter**)

on

The pencil-case is **on** the table.	**auf** dem Tisch	örtlich
Write your sentence **on** the board.	**an** die Tafel	
My birthday is **on** October 12th.	**am** 12. Oktober	zeitlich

on the beach	am Strand	on the radio	im Radio
on the coast	an der Küste	on TV	im Fernsehen
on the wall	an der Wand	on the phone	am Telefon
on the River Thames	an der Themse	on holiday	auf Urlaub, in den Ferien
on my way	auf dem Weg, unterwegs	on a visit (to)	auf/zu Besuch (in/bei)
on the left	links, auf der linken Seite	on Friday(s)	freitags, am Freitag
		on Friday morning	am Freitag morgen
on the right	rechts, auf der rechten Seite	on the first night	in der ersten Nacht
		on my birthday	an meinem Geburtstag

Präpositionen in Zeitangaben

allgemeine Tageszeit			näher bestimmte Tageszeit
	in the morning	**on** Monday morning	
	in the afternoon	**on** Tuesday afternoon	
	in the evening	**on** Wednesday evening	
	at night	**on** Friday night	

Keine Präposition vor *next, last, this, every:*

See you **next** Monday. I met her **last** Sunday. We meet **every** Friday.

onto	
Suddenly the cat jumped **onto** the wall.	**auf** die Mauer (**hinauf**)
on top of	
Put your book **on top of** the others.	**oben auf** die anderen
out of (Gegenteil: into)	
Can you see **out of** the window?	**aus** dem Fenster (**hinaus**)
outside	
The tourists waited **outside** the museum.	**draußen vor** dem Museum
over (Gegenteil: under)	
Don't jump **over** the wall.	**über** die Mauer
He's **over** 30.	**über** 30 (Jahre)
past	
It's ten minutes **past** nine.	**nach** neun (Uhr)
round	
There's a wall **round** the garden.	**um** den Garten (**herum**)
through	
The train went **through** a tunnel.	**durch** einen Tunnel
till	
The café is open **till** ten.	**bis** zehn Uhr

to		
Liz would like to go **to** New York.	**nach** New York	örtlich
Have you ever been **to** London?	**in** London	
Write a letter **to** your grandparents.	**an** deine Großeltern	
It's ten minutes **to** nine.	**vor** neun (Uhr)	zeitlich

(to) go to school	zur Schule gehen	a visit to London	ein Besuch in London
(to) go to the disco	in die Disco gehen	the answer to question 2	die Antwort auf Frage 2
(to) go to bed	ins Bett gehen		

towards	
Dave rode **towards** the first bend.	**auf** die erste Kurve **zu**
under (Gegenteil: over)	
The basket is **under** the table.	**unter** dem Tisch
until	
We stayed **until** seven.	**bis** sieben
up (Gegenteil: down)	
They went **up** the stairs.	die Treppe **hinauf**

with (Gegenteil: without)

The Kings have got a house **with** a garden.	**mit** einem Garten
Liz isn't **with** her friends.	**bei** ihren Freunden

without (Gegenteil: with)

You can't play football **without** a ball.	**ohne** Ball

Präpositionen des Ortes

Präpositionen der Richtung

KONJUNKTIONEN (CONJUNCTIONS)

after	
We had lunch **after** we visited the factory.	nachdem
and	
Kevin wants to stay at home **and** watch television.	und
as	
As it's very cold today, we can't play outside.	da, weil
As Mrs King was getting out of her car, she heard a noise.	als, während
As a child Miss Green didn't like coffee.	als
because	
We can't come **because** we're too busy.	weil
before	
Mrs Connor always makes a list **before** she goes to the supermarket.	bevor, ehe
but	
Mr Hill hasn't got a family, **but** he has got two pets.	aber
if	
Ask Mrs Bell **if** she would like a cup of tea.	ob
not only ... but also	
The meals here are **not only** good **but also** cheap.	nicht nur ..., sondern auch
or	
Have you got any brothers **or** sisters?	oder
so	
I had a headache, **so** I went to bed.	darum, deshalb, also
so that	
Please speak louder **so that** everybody can hear you.	so daß, damit
that	
Tom says **that** he's never late.	daß
till/until	
Sally can't wait **till/until** the match begins.	bis
when	
Mr and Mrs Dean do the housework together **when** they come home.	wenn
Everybody shouted **when** the race started.	als
while	
Sally is watching TV **while** Dave is helping his mother.	während

▷ Wortstellung S–V–O in Nebensätzen: 8

88 Kurzformen und Langformen (Short forms and long forms)

I'm eleven and you're twelve ist ein Satz mit **Kurzformen (short forms)**. Mit Langformen heißt der Satz: *I am eleven and you are twelve.* Du verwendest die Kurzformen, wenn du **gesprochene** Sprache schriftlich wiedergeben willst.

be						**have**			**will/would**		
I'**m**	=	I am	here'**s**	=	here is	I'**ve**	=	I have	I'**ll**/I'**d**	=	I will/I would
you'**re**	=	you are	there'**s**	=	there is	you'**ve**	=	you have	you'**ll**	=	you will
he'**s**	=	he is	that'**s**	=	that is	we'**ve**	=	we have	he'**ll**	=	he will
she'**s**	=	she is	what'**s**	=	what is	they'**ve**	=	they have	usw.		usw.
it'**s**	=	it is	when'**s**	=	when is						
we'**re**	=	we are	where'**s**	=	where is				what'**ll**	=	what will
they'**re**	=	they are	how'**s**	=	how is				that'**ll**	=	that will

Auxiliary + **not**								
is**n't**	=	is not	**won't**	=	will not	do**n't**	=	do not
are**n't**	=	are not	would**n't**	=	would not	does**n't**	=	does not
was**n't**	=	was not	**shan't**	=	shall not	did**n't**	=	did not
were**n't**	=	were not	ca**n't**	=	cannot			
			could**n't**	=	could not			
has**n't**	=	has not	must**n't**	=	must not			
have**n't**	=	have not	need**n't**	=	need not			

89 Unregelmäßige Verben (Irregular verbs)

Infinitive	**Simple past**	**Past participle**	
(to) be	(I) was, (you) were	(I've/she has) been	sein
beat	beat	beaten	schlagen, besiegen
become	became	become	werden
begin	began	begun	beginnen, anfangen
blow	blew [uː]	blown [əʊ]	blasen, wehen
break [eɪ]	broke [əʊ]	broken [əʊ]	(zer)brechen; kaputtmachen
bring	brought [ɔː]	brought [ɔː]	(mit)bringen, (her)bringen
buy	bought [ɔː]	bought [ɔː]	kaufen
catch	caught [ɔː]	caught [ɔː]	fangen, erwischen
choose [uː]	chose [əʊ]	chosen [əʊ]	(aus)wählen, aussuchen
come	came	come	kommen
cut [ʌ]	cut [ʌ]	cut [ʌ]	schneiden
do [uː]	did	done [ʌ]	tun, machen
draw	drew [uː]	drawn	zeichnen
drink	drank	drunk	trinken
drive	drove	driven [ɪ]	(Auto) fahren
eat	ate [e, eɪ]	eaten	essen
fall	fell	fallen	fallen
feed	fed	fed	füttern
feel	felt	felt	(sich) fühlen
find	found [aʊ]	found [aʊ]	finden

Infinitive	Simple past	Past participle	
fly	flew [u:]	flown [əʊ]	fliegen
get	got	got	bekommen; gelangen, (hin)kommen
give	gave	given	geben; schenken
go	went	gone [ɒ]	gehen; fahren
grow	grew [u:]	grown [əʊ]	wachsen
have (got)	had	had	haben
hear [ɪə]	heard [ɜ:]	heard [ɜ:]	hören
hide	hid [ɪ]	hidden [ɪ]	(sich) verstecken
hit	hit	hit	schlagen, treffen
know [əʊ]	knew [ju:]	known [əʊ]	kennen; wissen
leave	left	left	weggehen, verlassen; (zurück)lassen
let	let	let	(zu)lassen
lie [aɪ]	lay [eɪ]	lain [eɪ]	liegen
lose [u:]	lost [ɒ]	lost [ɒ]	verlieren
make	made	made	machen, bauen
mean [i:]	meant [e]	meant [e]	bedeuten; meinen
meet	met	met	(sich) treffen, kennenlernen
overtake	overtook [ʊ]	overtaken	überholen
pay	paid [eɪ]	paid [eɪ]	(be)zahlen
put [ʊ]	put [ʊ]	put [ʊ]	stellen, legen, setzen
read [i:]	read [e]	read [e]	(vor)lesen
ride [aɪ]	rode	ridden [ɪ]	reiten; (rad)fahren
ring	rang	rung	klingeln, läuten; anrufen
run	ran	run	rennen, laufen
say	said [e]	said [e]	sagen
see	saw	seen	sehen
sell	sold	sold	verkaufen
send	sent	sent	schicken, senden
shine	shone [ɒ]	shone [ɒ]	scheinen *(Sonne)*
show [əʊ]	showed [əʊ]	shown [əʊ]	zeigen
shut [ʌ]	shut [ʌ]	shut [ʌ]	schließen, zumachen
sing	sang	sung	singen
sink	sank	sunk	sinken; versenken
sit	sat	sat	sitzen
sleep	slept [e]	slept [e]	schlafen
speak	spoke	spoken	sprechen
spell	spelt	spelt	buchstabieren, schreiben
spend	spent	spent	*(Geld)* ausgeben; *(Zeit)* verbringen
stand	stood [ʊ]	stood [ʊ]	stehen
swim	swam	swum	schwimmen
take	took [ʊ]	taken	(mit)nehmen; (hin-, weg)bringen
teach	taught [ɔ:]	taught [ɔ:]	unterrichten, lehren
tell	told	told	sagen, nennen; erzählen, berichten
think	thought [ɔ:]	thought [ɔ:]	meinen, denken
throw [əʊ]	threw [u:]	thrown [əʊ]	werfen
understand	understood [ʊ]	understood [ʊ]	verstehen, begreifen
wear [eə]	wore [ɔ:]	worn [ɔ:]	*(Kleidung)* tragen, anhaben
win	won [ʌ]	won [ʌ]	gewinnen
write	wrote	written [ɪ]	schreiben

Grammatische Begriffe (Grammatical terms)

		Beispiele oder Erläuterung
adjective [ˈædʒɪktɪv]	Adjektiv, Eigenschaftswort	bad, good, big, expensive
adverb [ˈædvɜːb]	Adverb, Umstandswort	
adverb of frequency [ˈfriːkwənsɪ]	Adverb der Häufigkeit	always, never, often, sometimes
adverb of indefinite time [ɪnˈdefənɪt ˈtaɪm]	Adverb der unbestimmten Zeit	already, ever, just, yet
adverb of manner [ˈmænə]	Adverb der Art und Weise	badly, easily, carefully, well
adverbial [ədˈvɜːbɪəl]	Adverbiale Bestimmung, Umstandsbestimmung	I bought a radio *in town yesterday.*
adverb(ial) of place	Adverb(iale Bestimmung) des Ortes	here, there, at school, in the country
adverb(ial) of time	Adverb(iale Bestimmung) der Zeit	now, tomorrow, at night, on Monday
article [ˈɑːtɪkl]	Artikel, Geschlechtswort	a, an, the
auxiliary [ɔːgˈzɪljərɪ]	Hilfsverb	be, have, can, do
cardinal number [ˈkɑːdɪnl ˈnʌmbə]	Grundzahl	one, two, three, ten
clause [klɔːz]	Gliedsatz, Teilsatz (Haupt- oder Nebensatz)	As you know, . . .; . . ., it started to rain.
comparative [kəmˈpærətɪv]	Komparativ, Vergleichsform	fast*er*, funni*er*, *more* terrible
comparison [kəmˈpærɪsn]	Steigerung, Vergleich	fast - faster - fastest
complex sentence [ˈkɒmpleks ˈsentəns]	Satzgefüge (aus Haupt- und Nebensatz)	I can't come because I'm ill.
conjunction [kənˈdʒʌŋkʃn]	Konjunktion, Bindewort	and, as, because, when
countable [ˈkaʊntəbl]	zählbares Nomen	houses, ideas, children
definite article [ˈdefənɪt‿ˈɑːtɪkl]	bestimmter Artikel	the
demonstrative pronoun [dɪˈmɒnstrətɪv ˈprəʊnaʊn]	Demonstrativpronomen, hinweisendes Fürwort	this, that, these, those
exclamation [ekskləˈmeɪʃn]	Ausruf(esatz)	What a nice cat!
future [ˈfjuːtʃə]	Zeitform der Zukunft, Futur	going to-future, will-future
going to-future	Futur mit "going to"	We*'re going to stay* at home.
imperative [ɪmˈperətɪv]	Imperativ, Befehlsform; Aufforderung(ssatz)	Listen. Don't talk.; Sit down, please. Don't open the window.
indefinite article [ɪnˈdefənɪt‿ˈɑːtɪkl]	unbestimmter Artikel	a, an
infinitive [ɪnˈfɪnətɪv]	Infinitiv, Grundform des Verbs	(to) go, (to) swim, (to) laugh
-ing form [ˈɪŋ fɔːm]	-ing-Form	go*ing*, swimm*ing*, laugh*ing*
irregular verb [ɪˈregjʊlə ˈvɜːb]	unregelmäßiges Verb	go - *went* - *gone*
long form [ˈlɒŋ fɔːm]	Langform	She *is* ten. We *cannot* come.
main clause [ˈmeɪn klɔːz]	Hauptsatz	*I can't come* because I'm ill.
main verb [ˈmeɪn vɜːb]	Vollverb	hear, make, talk, write
modal auxiliary [ˈməʊdl‿ɔːgˈzɪljərɪ]	modales Hilfsverb	can, may, must, needn't
negative sentence [ˈnegətɪv ˈsentəns]	verneinter Satz	Sandra doesn't like biscuits.
noun [naʊn]	Nomen, Substantiv, Hauptwort	bike, shop, homework, life
numeral [ˈnjuːmərəl]	Numerale, Zahlwort	one, two; first, second
object [ˈɒbdʒɪkt]	Objekt, Satzergänzung	Sally collects *coins.*
object form [ˈɒbdʒɪkt fɔːm]	Objektform (der Personalpronomen)	me, you, him, her, it, us, them
of-phrase [ˈɒv freɪz]	of-Fügung	the name *of the street,* a cup *of tea*
ordinal number [ˈɔːdɪnl ˈnʌmbə]	Ordnungszahl	first, second, third, tenth
part of speech [ˈpɑːt‿əv ˈspiːtʃ]	Wortart	noun, adjective, preposition
part of the sentence [ˈpɑːt‿əv ðə ˈsentəns]	Satzteil, Satzglied	subject, verb, object, adverbial
past participle [ˈpɑːst ˈpɑːtɪsɪpl]	Partizip Perfekt	played, looked; written, taken
past progressive [ˈpɑːst prəˈgresɪv]	Verlaufsform der Vergangenheit	Liz *was helping* her father when Sally arrived.